财务会计实训指导
CAIWU KUAIJI SHIXUN ZHIDAO

谭湘　主编
李小军　墨沈薇　副主编

中山大学出版社
·广州·

版权所有　翻印必究

图书在版编目（CIP）数据

财务会计实训指导/谭湘主编；李小军，墨沈薇副主编．—广州：中山大学出版社，2018.12
 ISBN 978-7-306-06498-1

Ⅰ.①财…　Ⅱ.①谭…②李…③墨…　Ⅲ.①财务会计—素材　Ⅳ.①F234.4

中国版本图书馆 CIP 数据核字（2018）第 268218 号

出　版　人：	王天琪
策划编辑：	金继伟
责任编辑：	黄浩佳
封面设计：	曾　斌
责任校对：	李艳清
责任技编：	何雅涛
出版发行：	中山大学出版社
电　　话：	编辑部 020-84111996，84113349，84111997，84110779
	发行部 020-84111998，84111981，84111160
地　　址：	广州市新港西路 135 号
邮　　编：	510275　　　传　真：020-84036565
网　　址：	http://www.zsup.com.cn　　E-mail:zdcbs@mail.sysu.edu.cn
印　刷　者：	佛山市浩文彩色印刷有限公司
规　　格：	787mm×1092mm　1/16　7.25 印张　16 千字
版次印次：	2018 年 12 月第 1 版　2018 年 12 月第 1 次印刷
定　　价：	36.00 元

如发现本书因印装质量影响阅读，请与出版社发行部联系调换

前　言

财务会计发展的历史源远流长。现代财务会计是企业的一项重要的基础性管理工作，它通过一系列规范程序，采用专门的会计方法，对经济活动中能以货币计量的经济业务进行确认、计量、记录，提供决策有用的信息。由于资料的独占性和方法的科学性，会计信息在信息时代具有不可替代的权威性，人们在经济生活中离不开它的支撑，因此，会计被通称为商业语言。

会计是一门没有国界的技术，在核算环节，它采用国际通行的借贷复式记账法，通过设置科目和账户、填制与审核凭证、登记账簿、成本计算、财产清查、编制会计报表，定期向用户提供会计信息，完成会计循环。在这个过程中，财务会计知识起着决定性作用。因此，学好财务会计知识，是承接财务会计工作的必要前提。

学习财务会计，首先需要选择一本合适的习题指导，而为学习者提供适用的习题，是所有会计教育工作者的永恒追求。本书作者群在大量吸收同行成功经验的基础上，精心编写了本书。对于 2018 年 5 月增值税税率的变化，书本及时进行了更新，以便学习者紧跟现实，学以致用。

本书主要为以应用型人才培养为目标的高职高专层次会计专业的学子编写，同时，由于内容偏重应用环节，也适合应用型普通本科院校的会计学、财务管理专业和其他经济管理类专业学生，以及从事经济管理工作的企业财务与会计人员学习和使用。

本书由广东青年职业学院组编，谭湘担任主编，李小军、墨沈薇担任副主编，其他撰稿人分别是胡国红、陈炳华、朱家骅、刘京鹏、彭慧、彭壤、林冬平、张敏、毛慧华、黄佳蕾、周红梅、朱甜甜、胡筱瑜、尹芬、董肖群、张又化、施雨君等，超过 20 名成员的作者群既有高校会计教育工作者，也有多名上市公司总会计师。虽然我们殚精竭虑，但书中仍难免存在许多不足之处，有望读者批评指正。

编者
2018 年 8 月

目　录

第一章　概述 ………………………………………………………………… 1

第二章　货币资金及应收、预付款 ………………………………………… 4

第三章　金融资产 …………………………………………………………… 10

第四章　存货 ………………………………………………………………… 16

第五章　长期股权投资 ……………………………………………………… 30

第六章　固定资产 …………………………………………………………… 37

第七章　无形资产 …………………………………………………………… 45

第八章　投资性房地产 ……………………………………………………… 50

第九章　负债 ………………………………………………………………… 59

第十章　所有者权益 ………………………………………………………… 66

第十一章　收入 ……………………………………………………………… 71

第十二章　费用 ……………………………………………………………… 78

第十三章　利润 ……………………………………………………………… 83

第十四章　财务报告 ………………………………………………………… 88

模拟测试一 …………………………………………………………………… 100

模拟测试二 …………………………………………………………………… 104

第一章 概　　述

一、单项选择题

1. 要求会计信息必须是客观的和可验证的信息质量特征是（　　）。
   A. 可理解性　　　B. 相关性　　　C. 可靠性　　　D. 可比性
2. 会计信息的内部使用者有（　　）。
   A. 股东　　　　B. 总经理　　　C. 供应商　　　D. 政府机关
3. 下列各项中，不属于会计计量属性的是（　　）。
   A. 重置成本　　B. 历史成本　　C. 计划成本　　D. 可变现净值
4. 下列各项中，体现谨慎性会计信息质量要求的是（　　）。
   A. 无形资产摊销　　　　　　　B. 对应收账款计提坏账准备
   C. 存货采用历史成本计价　　　D. 当期销售收入与费用配比
5. 财务报表的"受托责任观"强调会计信息的（　　）。
   A. 重要性　　　B. 可理解性　　C. 可靠性　　　D. 及时性
6. 本年利润属于（　　）会计要素。
   A. 成本类　　　B. 损益类　　　C. 资产类　　　D. 所有者权益类
7. 从会计角度出发，计量属性反映的是会计要素（　　）的确定基础。
   A. 确认时点　　B. 单位　　　　C. 数量　　　　D. 金额
8. （　　）这一计量属性若应用不当，很容易造成人为操纵利润。
   A. 可变现净值　B. 公允价值　　C. 历史成本　　D. 现值
9. 财务报表的"决策有用观"强调会计信息的（　　）。
   A. 谨慎性　　　B. 相关性　　　C. 实质重于形式　D. 可比性
10. 下列各项体现会计信息谨慎性质量的是（　　）。
    A. 固定资产折旧　　　　　　　B. 存货采用历史成本计价
    C. 当期收入与费用配比　　　　D. 存货计提跌价准备
11. 下列属于会计要素计量属性的是（　　）。
    A. 重置成本　　B. 可变成本　　C. 固定成本　　D. 计划成本
12. 企业将融资租赁方式租入的固定资产视同自有资产进行核算，体现的会计信息质量要求是（　　）。
    A. 相关性　　　B. 实质重于形式　C. 重要性　　　D. 谨慎性
13. 能够反映企业财务状况的是（　　）。
    A. 利润表　　　B. 现金流量表　C. 资产负债表　D. 报表附注
14. 属于反映企业经营成果范畴的会计科目是（　　）。
    A. 固定资产　　B. 财务费用　　C. 短期借款　　D. 应收账款

15. 账户余额一般在贷方的资产类科目是（　　）。
    A. 应收账款　　　B. 预付账款　　　C. 累计折旧　　　D. 累计成本

二、多项选择题

1. 通常而言，财务报告的组成包含（　　）。
    A. 资产负债表　　B. 利润表　　　　C. 现金流量表　　D. 报表附注
2. 下列事项体现会计信息谨慎性原则的是（　　）。
    A. 对可能发生减值损失的资产计提减值准备
    B. 对发生的经济交易或事项，及时进行确认或计量
    C. 对相似的交易或事项，采用一致的会计政策
    D. 对可能退回的售出商品确认预计负债
3. 会计信息的外部使用者包括（　　）。
    A. 债权人　　　　B. 顾客　　　　　C. 竞争者　　　　D. 工商业协会
4. 会计的基本假设包括（　　）。
    A. 会计主体　　　B. 持续经营　　　C. 货币计量　　　D. 会计分期
5. 反应财务状况的会计要素有（　　）。
    A. 收入　　　　　B. 费用　　　　　C. 所有者权益　　D. 资产
6. 下列组织中，可以作为一个会计主体进行会计核算的有（　　）。
    A. 独资企业　　　B. 企业生产车间　C. 子公司　　　　D. 企业集团
7. 财务报告的服务对象有（　　）。
    A. 潜在投资者　　B. 企业债权人　　C. 公司董事长　　D. 政府相关部门
8. 会计工作组织的内容包括（　　）。
    A. 会计人员的配备　　　　　　　　B. 会计档案的保管
    C. 会计工作的规范　　　　　　　　D. 会计机构的设置
9. 会计要素计量属性有（　　）。
    A. 历史成本　　　B. 重置成本　　　C. 可变现净值　　D. 公允价值
10. 分属于资产或负债类科目，却具有双重性质的账户是（　　）。
    A. 应收账款　　　B. 预付账款　　　C. 累计折旧　　　D. 预收账款

三、判断题

1. 将融资租赁方式租入的固定资产在本企业报表进行列示，体现了会计信息质量中的可靠性原则。（　　）
2. 财务会计的目标侧重于规划未来，对企业的重大经营活动进行预测和决策，以及加强事中控制。（　　）
3. 某一财产物资要成为企业的资产，其所有权必须是属于企业的。（　　）
4. 重要性要求企业在会计确认、计量过程中对交易或事项应当区别其重要程度，采用不同的核算方式。（　　）

5. 我国财务会计目标选取的是受托责任观。(　　)
6. 财务会计信息的相关性取决于它的反馈价值。(　　)
7. 非独立核算的单位,其记账工作的组织形式有集中核算和非集中核算两种方式。(　　)
8. 非独立核算的单位一般不设置专门的会计机构,也无须配置会计人员。(　　)
9. 资产类科目余额一定在借方。(　　)
10. 会计计量属性的选择应当体现被核算对象的本质特征。(　　)

第二章 货币资金及应收、预付款

一、单项选择题

1. 下列属于银行存款核算范围的是（　　）。
   A. 微信账户　　B. 信用卡账户　　C. 专用存款户　　D. 支付宝账户
2. 下列业务中不包括在现金适用范围内的业务是（　　）。
   A. 支付职工福利费　　　　　　　　B. 结算起点以下的零星支出
   C. 向个人收购农副产品　　　　　　D. 支付银行借款利息
3. 一般情况下，银行存款利息需要贷记（　　）账户。
   A. 银行存款　　B. 应收利息　　C. 财务费用　　D. 营业外收入
4. 在企业开立的诸多账户中，可以办理提取现金以发放工资的账户是（　　）。
   A. 专用存款账户　B. 一般存款账户　C. 临时存款账户　D. 基本存款账户
5. 支票的提示付款期限是（　　）。
   A. 10 天　　B. 5 天　　C. 3 天　　D. 1 天
6. 期末不应当列入计提坏账准备基数的账户是（　　）。
   A. 应收账款明细账借方余额　　　　B. 应收账款明细账贷方余额
   C. 其他应收款明细账借方余额　　　D. 预收账款明细账借方余额
7. 银行汇票的提示付款期限为自出票日起（　　）。
   A. 10 天　　B. 15 天　　C. 1 个月　　D. 2 个月
8. 银行本票的提示付款期限自出票日起最长不超过（　　）。
   A. 2 个月　　B. 1 个月　　C. 15 天　　D. 10 天
9. 1 张商业汇票到期日为 5 月 5 日，3 月 3 日申请贴现，贴现息的计算时长为（　　）天。
   A. 60　　B. 62　　C. 63　　D. 64
10. 商业承兑汇票的承兑期期限，最长不超过（　　）。
    A. 1 个月　　B. 3 个月　　C. 6 个月　　D. 1 年
11. 企业租入包装物时的押金支出借记（　　）科目。
    A. 应付账款　　B. 预付账款　　C. 其他应收款　　D. 应收账款
12. 下列不属于现金使用范围的业务是（　　）。
    A. 支付职工福利　　　　　　　　　B. 不足结算起点的零星支出
    C. 向个人收购农副产品　　　　　　D. 支付银行借款利息
13. 不属于其他货币资金的是（　　）。
    A. 委托银行开出的银行汇票
    B. 向银行申请的银行承兑汇票
    C. 存入证券公司准备购买股票的款项

D. 回到外地并开立采购专户的款项
14. 企业为其员工张某垫付应由个人承担的医药费6 000元，相应的会计分录借方科目为（　　）。
   A. 预付账款　　　B. 其他应收款　　　C. 应收账款　　　D. 管理费用
15. 某企业2018年年末应收账款余额为120 000元，坏账准备提取比率为2%，计提坏账准备前，"坏账准备"账户贷余600元。该企业当年应计提的坏账准备为（　　）。
   A. 600元　　　B. 1 800元　　　C. 2 400元　　　D. 3 000元

二、多项选择题

1. 关于现金收支的规定，下列说法正确的有（　　）。
   A. 提取现金时，应如实写明提取现金的用途
   B. 不得"白条顶库"
   C. 不准用单位收入的现金以个人名义存储
   D. 不得保留账外公款，设置"小金库"
2. 对于盘盈的现金，经管理权限报经批准后，应由责任人赔偿或保险赔偿的部分，计入（　　）；无法查明原因的，计入（　　）。
   A. 其他应付款　　　B. 其他应收款　　　C. 管理费用　　　D. 财务费用
3. 在会计核算中，应计入"其他货币资金"科目进行核算的有（　　）。
   A. 外埠存款　　　B. 银行存款　　　C. 银行本票存款　　　D. 库存现金
4. 导致企业银行存款日记账余额大于银行对账单余额的情况有（　　）。
   A. 企业开出支票并根据支票存根记账，而持票人尚未到银行取款
   B. 企业将收到的转账支票存入银行，但银行未转账
   C. 银行直接支付款项并记账，但企业尚未收到付款通知
   D. 银行收到货款并记账，但企业尚未收到收款通知
5. 列入"应收票据"账户核算的内容有（　　）。
   A. 微信收款　　　B. 商业承兑汇票　　　C. 银行承兑汇票　　　D. 银行汇票
6. 现金管理应当做到（　　）。
   A. 出纳员兼管会计档案　　　　　　B. 日清月结
   C. 保持大量库存现金　　　　　　　D. 出纳员及时登记日记账
7. 银行存款日记账余额与银行转来的银行对账单余额不符，产生的原因可能是（　　）。
   A. 没有收到托收款项的收款通知　　B. 企业方面记账有错误
   C. 银行方面记账有错误　　　　　　D. 企业收到的转账支票没有送存银行
8. 在下列项目中，属于其他货币资金的是（　　）。
   A. 收到的商业汇票　　　　　　　　B. 收到债务人交来的银行汇票
   C. 存入证券公司准备购买股票的款项　D. 信用证存款

9. 企业"应收账款"的贷方余额反映企业（　　）款项；企业"应付账款"的借方余额反映企业（　　）款项。
   A. 预付　　　　　B. 应收　　　　　C. 预收　　　　　D. 应付
10. 应通过"其他应收款"科目进行核算的经济事项有（　　）。
    A. 应收的保险公司赔偿款　　　　B. 租入包装物支付的押金
    C. 为职工垫付的水电费　　　　　D. 赊销库存商品的款项
11. 期末应当列入计提坏账准备基数的账户有（　　）。
    A. 应收账款明细账借方余额　　　B. 应收账款明细账贷方余额
    C. 预收账款明细账借方余额　　　D. 预收账款明细账贷方余额
12. 列入"其他应收款"核算的内容有（　　）。
    A. 为赊销客户代垫的运输费　　　B. 为本企业职工代垫的房租
    C. 购货时支付的押金　　　　　　D. 职工出差借款
13. 下列应当设置备查簿登记的事项是（　　）。
    A. 支票　　　　　B. 工资单　　　　C. 商业汇票　　　D. 出入仓单
14. "预付账款"账户核算的特点有（　　）。
    A. 属于资产类账户　　　　　　　B. 余额在借方时，属于债权资产
    C. 属于负债类账户　　　　　　　D. 余额在贷方时，属于应付账款
15. 银行承兑汇票贴现的账务处理，一般涉及的账户有（　　）。
    A. 其他货币资金　B. 银行存款　　　C. 应收票据　　　D. 财务费用

三、判断题

1. 现金限额一般按照单位 5~7 天的日常零星开支确定。（　　）
2. 现金盘盈或盘亏，须通过"待处理财产损溢"科目进行处理。（　　）
3. 若企业银行存款日记账和银行对账单不存在差额，则可以不编制"银行存款余额调节表"。（　　）
4. 库存现金日记账和库存现金总账都应逐日逐笔地进行登记。（　　）
5. 在企业的全部资产中，现金的流动性是最强的。（　　）
6. 企业银行存款实有额通常需要通过编制银行存款余额调节表的方法进行确定。（　　）
7. 当商业承兑汇票到期时，若债务人无力支付票款，则债权人应将应收票据账面余额转入应收账款核算。（　　）
8. 银行应在银行承兑汇票到期日或到期日后的见票当日无条件向持票人支付票款。（　　）
9. 对于预付账款发生次数较少的企业，可以不设置"预付账款"科目，而在"应收账款"科目中予以记录、核算。（　　）
10. 对于已冲销坏账准备的应收账款后期收回的，应借记应收账款，贷记坏账准备。（　　）

11. 申请人或收款人为单位的，不得申请签发现金银行本票。（   ）
12. 企业贴现票据获得的贴现款与票据账面价值的差额应计入管理费用。（   ）
13. 收回给职工代垫的房租，应当借记"其他应收款"账户。（   ）
14. 收回押金时，应当贷记"其他应收款"账户。（   ）
15. 在对应收账款计提坏账准备时，账龄分析法更为合理，可以被企业采用。（   ）

四、分录练习题

（一）其他货币资金分录练习

1. 销售商品，收到客户交来的银行汇票1张，当天送存开户行解汇，实际获得款项46 800元，商品增值税率17%。
2. 因外出采购的需要，开出申请书，从开户银行获得银行汇票1张，金额6万元。
3. 因闲置资金较多，企业拟进行股票投资，从开户行转出80万元到非凡证券公司，开设证券专户。
4. 公司采购人员完成任务回来，实际发生采购金额（不含税）5万元，材料税率17%，未入库，公司材料按照实际成本核算。对方单位据实解汇，多余款项转入基本户。
5. 购买包装物，按照客户要求采用银行本票结算。该批采购价税合计33 900元（税率13%），经过验收，按照实际成本入库，作为①生产用辅助材料；②销售产品周转包装物。
6. 以存入证券公司的款项40万元，偿还欠供应商货款和税款。
7. 撤销曹操证券公司的账户，余额32 100元转回基本户。
8. 接到通知，从基本户转出12万元入公司微信账户。
9. 公司余额宝账户收到客户还来欠款5 600元。
10. 接到通知，从基本户转出35万元入公司信用卡账户。

（二）应收账款分录练习

1. 多多服装公司赊销给A客户1批服装，含税总售价234 000元（税率17%），给予对方付款条件2/10，1/30，N/50。公司实际于①第10日；②第30日；③第50日收到款项。
   假定①多多公司采用总价法核算；②多多公司采用净价法核算。试分别编制会计分录。
2. 开开食品公司赊销给B客户食物，不含税售价500 000元（税率17%），已按照总价计税并开具发票。为了快速回款，给予对方付款条件2/5，1/20，N/40。公司实际于①第5日；②第20日；③第40日收到款项。
   假定①开开公司采用总价法核算；②开开公司采用净价法核算。试分别编制会计分录。

3. 静静公司赊销给C客户家具1批,含税总售价452 000元(税率13%),已按照总价计税并开具发票,同时以现金支票代垫运费8 000元。为了快速回款,给予对方付款条件2/7,1/15,N/30。公司实际于①第7日;②第15日;③第30日收到款项。
   假定①静静公司采用总价法核算;②静静公司采用净价法核算。试分别编制会计分录。
4. 企业收到客户还来的款项39 600元,享受了1%的现金折扣,原账务处理采用的是总价法。
5. 收到客户还来的款项30 000元,没有享受2%的现金折扣,原账务处理采用的是净价法。
6. 银行转来客户还款通知,账户收入顶顶公司款项19.4万元,享受了3%的现金折扣。原账务处理采用的是①净价法;②总价法。
7. 一眼服装公司赊销给M客户1批服装,含税总售价351 000元(税率17%),同时以支票方式代垫运费9 000元,收到客户的商业承兑汇票1张,期限6个月,无息。商业承兑汇票到期,公司①如实收到全部款项;②对方无款承兑,银行退票。试分别编制相关会计分录。
8. 噢噢食品公司赊销给G客户1批食品,不含税总售价400 000元(税率17%),同时以支票方式代垫运费3 200元,3月1日收到客户的商业承兑汇票1张,期限6个月,利息率6%。商业承兑汇票到期,公司①如实收到全部款项;②对方无款承兑,银行退票。试分别编制相关会计分录。
9. 企业将持有的思索公司商业汇票背书转让,用于支付前欠K公司货款60 000元。
10. 思索公司商业汇票到期,无款承兑,K公司返还"废票",并追索债务。
11. 公司将所持有的1张商业承兑汇票(武汉公司签发并承兑)贴现,该票据面值100 000元,2月2日签发,承兑期6个月,息票率6%。4月5日贴现,贴现率7.2%。试编制以下会计分录:①贴现;②票据到期,武汉公司如期承兑;③票据到期,武汉公司无款承兑,银行直接将款项从本公司账户划出。

(三) 坏账准备练习

1. A公司月初"坏账准备"账户贷余45万元,本月账户借方发生额30万元,贷方发生额10万元,月末,经过减值测试,账户余额应为72万元。试据此编制调整分录。
2. B公司月初"坏账准备"账户贷余83万元,本月账户借方发生额41万元,贷方发生额15万元,月末,经过减值测试,账户余额应为50万元。试据此编制调整分录。

3. "坏账准备"账户填空。

摘要	月初余额		本月发生		月末余额	
	借	贷	借	贷	借	贷
甲公司		120		30		80
乙公司			45	5		60
丙公司	53		23	80		
丁公司	48		18			70

4. 哈哈公司 2017 年年末"坏账准备"贷余 850 万元。2018 年 3 月，确认娃娃公司欠款 60 万元无法收回，按照审批程序做坏账处理。5 月，收回 2016 年已做坏账处理的牛牛公司款项 9 万元（入银行结算户）。2018 年年末，确认全部应收款项发生减值①900 万元；②590 万元。试据此分别编制全部相关会计分录。

第三章 金融资产

一、单项选择题

1. 当企业取得以公允价值计量且其变动计入当期损益的金融资产时,发生的交易费用应计入( )。
   A. 金融资产成本　　B. 投资收益　　　C. 其他综合收益　　D. 财务费用

2. 江南公司于2018年12月5日从证券市场购入B公司发行在外股票20万股作为交易性金融资产,每股支付5元;2018年12月31日,该项交易性金融资产的公允价值为110万元;2019年1月20日,江南公司将该股票全部对外出售,收到115万存入银行,出售该交易性金融资产的投资收益为( )。
   A. 5万　　　　　　B. 10万　　　　　C. 15万　　　　　　D. 20万

3. 2019年5月13日,甲公司支付1 060 000元从二级市场购入乙公司发行的股票100 000股,每股价格10.60元(含已宣告但尚未发放的现金股利0.6元),另支付交易费用8 000元。若甲公司将其划分为交易性金融资产,则该项资产的初始成本为( )。
   A. 106.8万元　　　B. 106万元　　　C. 100.8万元　　　D. 100万元

4. 当企业取得划分为持有至到期投资的金融资产时,支付的交易费用应计入( )。
   A. 初始成本　　　　B. 投资收益　　　C. 其他综合收益　　D. 财务费用

5. 通过"持有至到期投资—成本"进行核算的内容是( )。
   A. 交易费用　　　　B. 购买时对方单位已宣告但尚未发放的利息
   C. 票面价值　　　　D. 到期值

6. 2019年1月1日,甲公司购入乙公司当日发行的4年期分期付息(于次年初支付上年度利息)、到期还本债券,面值为1 000万元,票面年利率为5%,实际支付价款1 050万元,另发生交易费用2万元。甲公司将该债券划分为持有至到期投资,每年末确认投资收益,2019年12月31日确认投资收益35万元。2019年12月31日,甲公司该债券的摊余成本为( )。
   A. 1 035万元　　　B. 1 037万元　　　C. 1 065万元　　　D. 1 067万元

7. 企业将持有至到期投资重分类为可供出售金融资产当日,应以( )作为可供出售资产的初始成本。
   A. 持有至到期投资摊余成本　　　　B. 持有至到期投资公允价值
   C. 持有至到期投资初始成本　　　　D. "持有至到期投资—成本"金额

8. 2018年1月1日,甲公司从二级证券市场购入乙公司分期付息、到期还本的债券12万张,支付价款1 050万,另支付交易费用12万元。该债券系乙公司2017年1月1日发行,每张面值为100元,期限3年,票面年利率为5%,每年年末支付当年利息。甲公司拟持有至到期，甲公司持有乙公司债券累计应确认的投资收益为（　　）。

A. 318 万元　　　　B. 258 万元　　　　C. 120 万元　　　　D. 300 万元

9. A 公司于 2019 年 4 月 5 日从证券市场上购入 B 公司发行在外的股票 200 万股作为可供出售金融资产，每股支付价款 4 元（含已宣告但尚未发放的现金股利 0.5 元），另支付相关费用 12 万元，A 公司可供出售金融资产取得时的入账价值为（　　）万元。

A. 712　　　　　　B. 812　　　　　　C. 800　　　　　　D. 700

10. 对于期末一次还本付息的持有至到期投资而言，后续计量时按票面计算的利息应计入（　　）科目。

A. 应收利息　　　　　　　　　　　B. 持有至到期投资—成本
C. 投资收益　　　　　　　　　　　D. 持有至到期投资—应计利息

11. 交易性金融资产与可供出售金融资产最根本的区别在于（　　）。

A. 持有时间不同　B. 投资对象不同　C. 投资目的不同　D. 计量基础不同

12. 企业为取得金融资产而购入股票支付的对价中包含的已宣告但尚未发放的股利，应计入（　　）。

A. 投资收益　　　B. 应收股利　　　C. 金融资产成本　D. 其他应收款

13. 企业购入债券作为持有至到期投资，该债券支付对价金额与其面值差额，应计入（　　）。

A. 财务费用　　　B. 投资收益　　　C. 利息调整　　　D. 其他综合收益

14. 2018 年 1 月 1 日，A 公司购入甲公司于 2017 年 1 月 1 日发行的面值为 1 000 万元、期限 4 年、票面利率 6%、每年初支付上年利息的债券，并将其划分为持有到期投资，实际支付购买价款 1 095 万元（包含已到付息期利息 60 万元，交易税费 5 万元），购入债券时确定的实际利率为 5%；2018 年 1 月 10 日，收到购买价款中包含的甲公司债券利息 60 万元。2019 年 1 月 1 日，A 公司该持有至到期投资的摊余成本为（　　）万元。

A. 1 021.5　　　　B. 1 026.75　　　C. 1 038.5　　　　D. 1 043.25

15. 企业购入债券作为持有至到期投资，该债券的初始入账金额应为（　　）。

A. 债券面值　　　　　　　　　　　B. 债券公允价值 + 交易费用
C. 债券公允价值　　　　　　　　　D. 债券面值 + 交易费用

16. 2019 年 3 月 1 日，A 公司支付价款 650 元（含已宣告但尚未发放的现金股利 30 万元）购入甲公司股票并划分为交易性金融资产，另外支付交易税费 2 万元；2019 年 4 月 30 日，收到购买股票价款中所包含的现金股利；2019 年 12 月 31 日，甲公司股票的公允价值为 600 万元。2019 年 12 月 31 日，甲公司股票在资产负债表上列示的金额为（　　）。

A. 600 万元　　　　B. 620 万元　　　　C. 622 万元　　　　D. 652 万元

17. 企业以每股 3.60 元的价格购入 G 公司股票 20 000 股作为交易性金融资产，并支付交易税费 300 元。股票的买价中包括了每股 0.20 元已宣告但尚未派发的现金股利。该交易性金融资产的初始入账金额为（　　）。

  A. 68 000 元 B. 68 300 元 C. 72 000 元 D. 72 300 元

19. 2019 年 1 月 1 日，A 公司购入乙公司于当日发行的面值为 200 万元，期限 3 年，票面利率 8%，每年 12 月 31 日付息的债券并划分为交易性金融资产，实际支付购买价款 210 万元（包括已到付息期的债券利息 0.5 万元，交易税费 0.2 万元）。乙公司债券的初始入账金额为（　　）。

  A. 200 万元 B. 200.5 万元 C. 209.5 万元 D. 210 万元

20. 企业将持有的交易性金融资产（股票）售出，实际收到出售价款 80 000 元。出售日，该交易性金融资产的账面价值为 75 000 元，已计入应收股利但尚未收取的现金股利为 2 000 元。处置该交易性金融资产时确认的处置损益为（　　）。

  A. 2 000 元 B. 3 000 元 C. 5 000 元 D. 7 000 元

二、多项选择题

1. 当企业对有关交易性金融资产的下列交易或事项进行会计处理时，会涉及"投资收益"科目的有（　　）。
   A. 取得投资时支付的交易费用
   B. 取得投资时支付的价款中包含的现金股利
   C. 持有期间获得的现金股利
   D. 持有期间发生的公允价值变动损溢

2. "交易性金融资产"科目下应设置的明细科目有（　　）。
   A. 股票投资 B. 债券投资 C. 认股权证 D. 认购权证

3. "持有至到期投资"科目下应设置的明细科目有（　　）。
   A. 成本 B. 公允价值变动 C. 利息调整 D. 损益调整

4. 交易性金融资产从持有到出售影响投资收益的时点有（　　）。
   A. 取得时发生的交易费用 B. 持有期间，年末的公允价值变动
   C. 持有期间收到的股利或利息收入 D. 出售时确认的投资收益

5. "可供出售金融资产"科目应设置明细（　　）。
   A. 成本 B. 应计利息 C. 公允价值变动 D. 利息调整

6. 当持有至到期投资的初始入账金额低于其面值的情况下，在持有期间按实际利率法确认的各期利息收入（　　）。
   A. 相等 B. 不相等 C. 递增 D. 递减

7. 下列各项属于金融资产的有（　　）。
   A. 银行存款 B. 应收账款 C. 股权投资 D. 债权投资

8. 企业将金融资产划分为持有至到期投资应满足（　　）条件。
   A. 到期日固定 B. 回收金额固定或可确定
   C. 企业有意图持有至到期 D. 企业有能力持有至到期

9. 当企业对有关可供出售金融资产的交易或事项进行会计处理时，涉及"其他综合收益"科目的有（   ）。
    A. 当持有至到期投资转换为可供出售金融资产时，原资产摊余成本与转换当日该资产公允价值的差额
    B. 持有期间的公允价值变动
    C. 出售时取得对价与账面价值的差额
    D. 取得时支付的相关交易费用
10. 在持有至到期投资的初始入账金额高于其面值的情况下，在持有期间按实际利率法确认的各期利息收入（   ）。
    A. 相等　　　　　B. 不相等　　　　　C. 递增　　　　　D. 递减

三、判断题

1. "利息调整"指持有至到期投资的初始入账金额与其面值间的差额。（   ）
2. 企业在持有至到期投资到期前进行部分处置且金额重大，剩余部分要重分类为可供出售金融资产且在本年度及未来两个完整的会计年度内不得将金融资产划分为持有至到期投资。（   ）
3. 持有至到期投资包括债券投资和股票投资。（   ）
4. 交易性金融资产可以重分类为其他类型的金融资产。（   ）
5. 持有至到期投资重分类为可供出售金融资产当日，持有至到期投资账面价值与可供出售金融资产入账价值的差额计入投资收益。（   ）
6. 企业持有可供出售金融资产期间的公允价值变动计入当期损益。（   ）
7. 资产负债表日，当可供出售金融资产公允价值下降幅度太大时，要对其进行减值处理。（   ）
8. 由持有至到期投资转换而来的可供出售金融资产在出售时的投资收益，仅包含售价与可供出售金融资产的差额部分。（   ）
9. 可供出售金融资产后续计量应以期初摊余成本为基础按实际利率进形摊销。（   ）
10. 对于持有至到期投资而言，摊余成本等于其账面价值；对于可供出售金融资产同样如此。（   ）
11. 交易性金融资产和可供出售金融资产均按公允价值进行计量，但前者公允价值变动计入所有者权益，后者公允价值变动计入当期损益。（   ）
12. 在处置可供出售金融资产时，要将计入所有者权益的累计公允价值变动计入公允价值变动损益。（   ）
13. 作为可供出售金融资产核算的债券，应当按实际利率法确认利息收入。（   ）
14. 交易性金融资产不需要计提减值准备。（   ）
15. 处置时，交易性金融资产持有期间发生的累计公允价值变动额不会对利润造成影响。（   ）

16. 企业取得交易性金融资产时支付的交易费用，应当计入交易性金融资产的初始入账金额。（　　）
17. 企业在持有交易性金融资产期间所获得的现金股利或债券利息，应当冲减交易性金融资产的初始入账金额。（　　）
18. 企业购入的债券可以划分为持有至有期投资，但购入的股票不能划分为持有至到期投资。（　　）
19. "应计利息"是指持有至到期投资的初始入账金额与其面值之间的差额。（　　）
20. 企业取得交易性金融资产支付的相关交易费用应计入当期损益，而取得可供出售金融资产支付的相关交易费用应当计入初始入账金额。（　　）

四、计算题

1. 2019年1月1日，A公司购入甲公司于2018年1月1日发行的面值为100万元、期限5年、票面利率6%、每年12月31日付息的债券并划分为交易性金融资产，实际支付购买价款108万元（包括已到付息期的债券利息6万元，交易税费0.2万元）。甲公司债券的初始入账金额为多少？
2. 2018年4月1日，A公司支付价款305万元（含已宣告但尚未领取的现金股利5万元）购入甲公司股票并划分为交易性金融资产，另外支付交易费用1万元；2018年4月30日，收到购买股票价款中所包含的现金股利；2018年12月31日，甲公司股票的公允价值为360万元；2019年2月20日，A公司将甲公司股票售出，实际收到价款380万元。A公司通过甲公司股票获得的投资净收益为多少？
3. 2018年4月1日，A公司支付价款206万元（含已宣告但尚未领取的现金股利6万元）购入甲公司股票并划分为交易性金融资产，另外支付交易费用0.5万元；2018年4月30日，收到购买股票价款中所包含的现金股利；2018年12月31日，甲公司股票的公允价值为280万元；2019年2月20日，A公司将甲公司股票售出，实际收到价款300万元。A公司出售甲公司股票时应确认的投资收益为多少？
4. 2018年1月1日，A公司购入甲公司于2017年1月1日发行的面值为600万元、期限4年、票面利率6%、每年12月31日付息的债券并划分为交易性金融资产，实际支付购买价款650万元（包括已到付息期的债券利息36万元，交易税费2万元）；2018年1月10日，收到购买价款中包含甲公司债券利息36万元；2018年12月31日，甲公司债券的公允价值为620万元；2019年1月10日，收到家公司债券2018年度利息36万元；2019年3月1日，将甲公司债券售出，实际收到价款625万元。A公司出售甲公司债券时应确认的投资收益为多少？
5. 2019年1月1日，A公司购入甲公司于2018年1月1日发行的面值为1 500万元、期限4年、票面利率6%、每年12月31日付息的债券并划分为持有至到期投资，实际支付购买价款1 600万元（包括已到付息期的债券利息90万元，交易税费5万元）。该债券的初始入账金额为（　　）。
   A. 1 500万元　　　B. 1 505万元　　　C. 1 510万元　　　D. 1 600万元

6. 2019 年 1 月 1 日，企业支付 9 700 元的价款购入当日发行的面值为 10 000 元，期限 5 年，票面利率 5%，每年年末付息一次的债券作为持有至到期投资。假定取得债券时的实际利率为 6%，2019 年 12 月 31 日，该企业确认的利息收入为（　　）。
   A. 485 元　　　　B. 582 元　　　　C. 500 元　　　　D. 600 元

7. 企业于发行日按 69 700 元的价格购入面值 70 000 元，票面利率 5%，期限 3 年，到期一次还本付息的债券作为持有至到期投资。该投资到期时的账面价值为（　　）。
   A. 69 700 元　　B. 70 000 元　　C. 80 200 元　　D. 80 500 元

五、分录题

（一）

1. 企业以证券公司存款 16 万元购入 A 公司股票 10 万股，股票买价 1.50 元/股，印花税 0.4 万元，证券公司佣金 0.6 万元。股票不准备长期持有。
2. 企业以证券公司存款购入 B 公司股票 10 万股，股票买价 8.30 元/股，其中含有每股现金股利 0.30 元（距支取日尚有 15 天），印花税 0.6 万元，证券公司佣金 1 万元。股票不准备长期持有。
3. 银行通知，收到 B 公司发放的现金股利。
4. 期末，A 公司股票每股公允价值 3.20 元。
5. 期末，B 公司股票每股公允价值 6 元。

（二）

1. 企业以证券公司存款购入甲公司债券，该债券买价 11 万元（含上年利息 1 万元，距付息日 7 天），印花税 0.4 万元，证券公司佣金 0.6 万元。不准备长期持有。
2. 企业以证券公司存款购入乙公司股票 50 万股，股票买价 4.06 元/股，其中含有每股现金股利 0.06 元（距支取日尚有 10 天），印花税 0.6 万元，证券公司佣金 0.55 万元。股票不准备长期持有。
3. 证券公司存款户通知，收到甲公司发放的债券利息。
4. 月末，甲公司债券公允价值 10.3 万元。
5. 月末，乙公司股票每股公允价值 3.80 元。
6. 次月 3 日，因为资金周转不畅，处置所持有的乙公司股票 20 万股，每股售价 3.50 元（已扣除交易税费），款项入证券户后，再转入公司工商银行结算户。

第四章 存 货

一、单项选择题

1. A 企业是厨具生产企业，为在"双十二"期间进行促销，外购一批烧水壶作为销售附赠产品，以增强品牌形象。该批产品已到货，A 公司此次购入烧水壶的支出应计入（　　）。
   A. 库存商品　　　B. 原材料　　　C. 销售费用　　　D. 管理费用

2. 甲公司为增值税一般纳税人，2018 年 5 月 3 日从乙公司外购 A 材料 500 千克，增值税专用发票上注明价款为 500 000 元，增值税税额 80 000 元；另支付运费 2 600 元，增值税 260 元，入库前挑选整理费 5 000 元。已知运输途中发生损耗 10%，经确认该损耗为合理损耗。A 材料的单位成本为（　　）元。
   A. 1 128　　　B. 1 316.90　　　C. 1 015.20　　　D. 1 185.20

3. 已知某企业采用实际成本对原材料进行核算，其外购原材料一批，款已付，但材料尚未验收入库时应通过（　　）科目进行会计处理。
   A. 原材料　　　B. 发出商品　　　C. 在途物资　　　D. 周转材料

4. 随同商品出售而不单独计价的包装物在出售时，成本转入（　　）。
   A. 主营业务成本　　B. 其他业务成本　　C. 销售费用　　D. 管理费用

5. 甲公司于 2019 年 5 月 1 日结存 C 材料计划成本 5 000 元，超支差异 400 元；于 5 月 20 日购进 C 材料计划成本 10 000 元，节约差异 1 000 元，C 材料的成本差异率为（　　）。
   A. −4%　　　B. −5%　　　C. 4%　　　D. 5%

6. 随同商品出售且单独计价的包装物在出售时，成本转入（　　）。
   A. 主营业务成本　　B. 其他业务成本　　C. 销售费用　　D. 管理费用

7. 某企业委托 A 公司加工一批商品（属应税消费品）200 000 件，发出材料计划成本 300 000 元，并分别支付加工费 50 000 元，往返运输费 3 000 元，应缴纳消费税 4 400 元。已知发出材料的成本差异率为 2.5%，该批商品收回后直接用于出售，假设不考虑其他相关税费。在该经济事项中，企业计入"委托加工物资"的金额为（　　）元。
   A. 353 000　　　B. 357 400　　　C. 360 500　　　D. 364 900

8. 存货计价采用先进先出法，在存货价格上涨的情况下，将会使企业（　　）。
   A. 期末存货升高、当期利润减少　　B. 期末存货升高、当期利润增加
   C. 期末存货减少、当期利润减少　　D. 期末存货减少、当期利润增加

9. 企业摊销的出租周转材料成本，应计入（　　）。
   A. 管理费用　　　B. 销售费用　　　C. 其他业务成本　　　D. 主营业务成本

10. 某企业 2018 年年末 B 商品库存 300 000 元，可变现净值 250 000 元。在计提存货

跌价准备前,"存货跌价准备"有贷方余额 70 000 元,该企业应计提的存货跌价准备金额为（　　）元。

A. -20 000　　　B. 0　　　C. 50 000　　　D. 70 000

11. 甲公司于 2018 年 12 月 6 日同乙公司签订不可撤销的买卖合同,合同约定,甲公司在 2019 年 2 月 15 日以 3 000 元单价向乙出售 A 产品 8 000 件。2018 年 12 月 31 日,甲公司库存 A 产品 10 000 件,市场售价 2 800 元,预计每件发生销售费用 20 元。那么,2018 年 12 月 31 日 A 产品的可变现净值为（　　）元。

A. 2 400 万　　B. 3 000 万　　C. 2 960 万　　D. 2 940 万

12. 当甲公司采用计划成本对原材料进行核算时,（　　）科目反映外购原材料的实际成本。

A. 原材料　　B. 材料成本差异　　C. 材料采购　　D. 在途物资

13. 某企业于 2018 年 12 月 31 日持有专门生产 B 产品的原材料 2 000 件,单位成本 5 元,市场销售价格为 4.90 元,完工一件 B 产品需此材料 500 件。当日 B 产品市场销售价格为 10 000 元,成本 9 500 元。已知将该原材料加工为每件 B 产品另需支付相关费用 4 000 元。2018 年 12 月 31 日,该原材料应计提存货跌价准备（　　）元。

A. 200　　　B. 0　　　C. 500　　　D. 300

14. 企业在清查存货时发现存货盘盈,报经管理层权限批准后应（　　）。

A. 冲减管理费用　　　　　　B. 计入营业外收入
C. 根据原因进行处理　　　　D. 计入其他业务收入

15. 企业下列科目的期末余额不应列示于资产负债表"存货"项目下的是（　　）。

A. 在途物资　　B. 工程物资　　C. 委托加工物资　　D. 生产成本

16. 企业外购存货发生的下列支出中,通常不应计入采购成本的是（　　）。

A. 运输途中保险费　　　　　B. 运输途中的合理损耗
C. 入库前的挑选整理费用　　D. 市内零星货物运杂费

17. 企业购进存货支付的运杂费,应计入（　　）。

A. 销售费用　　B. 管理费用　　C. 其他业务成本　　D. 存货成本

18. 企业购货时取得的现金折扣,应当（　　）。

A. 冲减购货成本　　　　　　B. 冲减管理费用
C. 冲减财务费用　　　　　　D. 冲减资产减值损失

19. 企业购入存货超过正常信用条件延期支付价款,实质上具有融资性质的,企业所购存货的入账价值应当是（　　）。

A. 合同约定的购买价款　　　B. 合同约定的购买价款现值
C. 相同存货的重置成本　　　D. 类似存货的限购价格

20. 企业采购过程中发生的存货短缺,应计入有关存货采购成本的是（　　）。

A. 运输途中的合理损耗　　　B. 供货单位责任造成的存货短缺
C. 运输单位的责任造成的存货短缺　　D. 意外事故等非常原因造成的存货短缺

21. 企业委托加工存货所支付的下列款项中，不可能计入委托加工存货成本的是（　　）。
    A. 支付的加工费　　　　　　　　　B. 支付的往返运杂费
    C. 支付的增值税　　　　　　　　　D. 支付的消费税
22. 企业摊销的出租周转材料成本，应当计入（　　）。
    A. 销售费用　　B. 管理费用　　C. 其他业务成本　　D. 营业外支出
23. 甲公司的存货采用计划成本核算。该公司购入一批原材料，实际买价10 000元，增值税专用发票上注明的增值税额为1 600元，发生超支差异200元。"原材料"科目应记录的存货金额为（　　）。
    A. 11 700元　　B. 10 200元　　C. 10 000元　　D. 9 800元
24. 企业本月月初库存原材料计划成本75 000元，材料成本差异为贷方余额1 500元；本月购进原材料计划成本450 000元，实际成本441 000元。该企业本月材料成本差异率为（　　）。
    A. 超支2%　　B. 节约2%　　C. 超支1.4%　　D. 节约1.4%
25. 企业本月月初库存原材料计划成本50 000元，材料成本差异借方余额1 000元；本月购进原材料计划成本300 000元，实际成本292 000元。该企业本月材料成本差异率为（　　）。
    A. 超支2%　　B. 节约2%　　C. 超支3%　　D. 节约3%
26. 某企业本月材料成本差异率为超支的3%，本月生产领用原材料的计划成本为20 000元，实际成本为（　　）。
    A. 19 400元　　B. 20 000元　　C. 20 600元　　D. 21 000元
27. 企业的存货采用计划成本核算。某年年末，结存存货计划成本50 000元，计提存货跌价准备6 000元，材料成本差异为借方余额2 000元。该企业本年度资产负债表上"存货"项目应填列的余额为（　　）。
    A. 42 000元　　B. 44 000元　　C. 46 000元　　D. 50 000元
28. 企业的存货采用计划成本核算。某年年末，结存存货计划成本80 000元，计提存货跌价准备10 000元，材料成本差异为贷方余额5 000元。该企业本年度资产负债表上"存货"项目应填列的余额为（　　）。
    A. 65 000元　　B. 70 000元　　C. 75 000元　　D. 80 000元
29. 某企业某年年末，A商品账面成本为300 000元，可变现净值为250 000元。计提存货跌价准备前，"存货跌价准备"科目有贷方20 000元，该企业当年应计提的存货跌价准备金额为（　　）。
    A. 20 000元　　B. 30 000元　　C. 50 000元　　D. 70 000元
30. 企业的存货采用计划成本核算。某年年末，结存存货计划成本268 000元，计提存货跌价准备3 500元，材料成本差异为贷方余额4 500元。该企业本年度资产负债表上"存货"项目应填列的余额为（　　）。
    A. 260 000元　　B. 263 500元　　C. 264 500元　　D. 268 000元

二、多项选择题

1. 下列资产项目中，属于企业存货的有（　　）。
   A. 在途物资　　　B. 工程物资　　　C. 委托加工物资　　　D. 发出商品

2. 下列会计科目的期末余额，应在资产负债表"存货"项目下列示的有（　　）。
   A. 在途物质　　　B. 生产成本　　　C. 委托加工物资　　　D. 发出商品

3. 企业发生的下列支出中，应计入增值税一般纳税人原材料采购成本的有（　　）。
   A. 运输途中合理损耗　　　　　　B. 市外运杂费
   C. 市内运杂费　　　　　　　　　D. 进口关税

4. 增值税一般纳税人购入原材料过程中发生的下列支出，应计入原材料采购成本的有（　　）。
   A. 采购人员差旅费　　　　　　　B. 运杂费
   C. 运输途中合理　　　　　　　　D. 入库前挑选整理费

5. 下列各项属于企业存货的有（　　）。
   A. 在途物资　　　B. 周转材料　　　C. 材料采购　　　D. 委托加工物资

6. 一般纳税人外购存货，其采购成本的内容有（　　）。
   A. 购买价款　　　B. 增值税进项税额　　　C. 运费　　　D. 入库前合理损耗

7. 通过"周转材料"科目进行会计处理的有（　　）。
   A. 半成品　　　B. 包装物　　　C. 低值易耗品　　　D. 原材料

8. 在采用计划成本对原材料进行核算时，应设置的会计科目有（　　）。
   A. 原材料　　　B. 在途物资　　　C. 材料采购　　　D. 材料成本差异

9. 在采用实际成本对原材料进行核算时，应设置的会计科目有（　　）。
   A. 原材料　　　B. 在途物资　　　C. 材料采购　　　D. 材料成本差异

10. 丙公司2018年10月份销售领用单独计价的包装物计划成本15 000元，销售收入为21 000元，增值税税额3 360元，款项已收到。已知此包装物的成本差异率为－2%，该包装物在结转成本分录中的"材料成本差异"科目（　　）金额为（　　）元。
    A. 借方　　　B. 贷方　　　C. 300　　　D. 420

11. 当企业采用五五摊销法对低值易耗品进行摊销时，"周转材料—低值易耗品"科目应设置明细科目（　　）。
    A. 在用　　　B. 在库　　　C. 结存　　　D. 摊销

12. 下列各项内容构成企业"委托加工物资"成本的有（　　）。
    A. 发给受托加工单位的材料成本
    B. 运输过程发生的运费
    C. 受托加工单位付出的直接人工、直接材料和制造费用
    D. 支付给受托单位的加工费

13. 发出存货计量的方法通常包括（　　）。
    A. 售价金额法　　　　　　　　B. 先进先出法
    C. 移动加权平均法　　　　　　D. 个别计价法
14. 当存货采用计划成本进行核算时，节约差异指实际成本（　　）计划成本，应计入"材料成本差异"（　　）进行反映。
    A. 大于　　　　B. 小于　　　　C. 借方　　　　D. 贷方
15. 当存货采用计划成本进行核算时，超支指实际成本（　　）计划成本，应计入"材料成本差异"（　　）进行反映。
    A. 大于　　　　B. 小于　　　　C. 借方　　　　D. 贷方
16. 下列各项应计入存货初始成本的有（　　）。
    A. 购买价款　　B. 增值税　　　C. 关税　　　　D. 装卸费
17. 为了详细反映存货在加工过程中的各项耗费，"生产成本"账户下一般需要设置的明细项目有（　　）。
    A. 直接材料　　B. 直接人工　　C. 制造费用　　D. 管理费用
18. 企业期末进行存货盘点，当发生盘亏或毁损时，应计入管理费用的情况有（　　）。
    A. 定额内自然损耗　　　　　　B. 管理不善造成的霉变损失
    C. 自然灾害造成的毁损　　　　D. 保险公司应赔偿部分
19. 对存货的会计处理中，可能涉及的会计计量属性有（　　）。
    A. 历史成本　　B. 重置成本　　C. 可变现净值　D. 可变成本
20. 对存货减值测试的期末会计处理，通常需要使用的账户是（　　）。
    A. 原材料　　　B. 资产减值损失　C. 存货跌价准备　D. 库存商品

三、判断题

1. 企业为固定资产建造工程购买的材料，期末时如果尚未领用，应在资产负债表的存货项目下列示。（　　）
2. 对于生产和销售机器设备的企业来说，机器设备属于存货；而对于使用机器设备进行生产的企业来说，机器设备属于固定资产。（　　）
3. 存货的初始计量应以取得存货的实际成本为基础，实际成本具体指存货的采购成本。（　　）
4. 委托加工存货收回后直接用于销售，由受托加工方代收代交的消费税应计入委托加工存货成本。（　　）
5. 存货采用计划成本法核算，计划成本高于实际成本的差异，称为超支差异。（　　）
6. 存货采用计划成本法核算，计划成本高于实际成本的差异，成为节约差异。（　　）
7. 存货盘盈应冲减管理费用，而固定资产盘盈应计入当期营业外收入。（　　）

8. 企业因收发计量差错造成的库存存货盘亏，应计入产品生产成本。（   ）
9. 为建设企业固定资产购买的物料属于本企业存货。（   ）
10. 先进先出法要求企业实物流转遵守"先购进、先领用"的原则。（   ）
11. 因自然灾害导致的材料消耗需计入存货成本。（   ）
12. 企业外购原材料采用月末一次性结转成本，采购行为发生时可通过"在途物资"进行过渡。（   ）
13. 在企业外购原材料过程中，对于已验收入库而尚未收到发票的材料，应在每月月末按估计价值入账，并于下月月初做相反分录予以冲回。收到发票时按实际价值入账。（   ）
14. "材料成本差异"的借方余额反映计划成本下库存材料的超支差异。（   ）
15. 企业采用一次摊销法对低值易耗品进行摊销时，无须对"周转材料—低值易耗品"科目设置明细。（   ）
16. 需要缴纳消费税的委托加工物资在收回后直接用于销售的，由受托方代收代缴的消费税应计入"应交税费—消费税"科目。（   ）
17. 已完成销售手续但购买单位未提货的商品，企业应将其计入"库存商品"科目进行会计处理。（   ）
18. 毛利率法通常适用于商品种类繁多且销售利率相近的商品。（   ）
19. 在采用月末一次加权平均法核算发出存货成本时，虽然计算较为简便，但因月中无法得知存货的实时成本，不利于企业存货的日常核算和管理。（   ）
20. 当企业存货可变现净值低于其成本时，对其计提存货跌价准备符合会计信息质量的可靠性原则。（   ）
21. 对于需要进一步加工的材料库存，其可变现净值等于预计售价减去估计销售费用和相关税费后的金额。（   ）
22. 需要进一步加工的材料存货在期末核算时，应首先明确其对应的产品是否发生减值，若产品未发生减值，则即使材料本身成本低于其可变现净值，也无需对其计提存货跌价准备。（   ）
23. 存货盘盈计入营业外收入，盘亏计入营业外支出。（   ）
24. 存货跌价准备一经计提，不得转回。（   ）
25. 存货盘亏、盘盈需通过"以前年度损益调整"进行会计处理。（   ）
26. 对于生产和销售设备的企业来说，设备要计入存货进行列示。（   ）
27. 已计提存货跌价准备的存货在实现收入时，应同时将存货跌价准备冲减成本。（   ）
28. 存货在加工和销售发生的一般仓储费用，需计入存货成本。（   ）
29. 分配节约差异，一般需要贷记"材料成本差异"账户。（   ）
30. 分配超支差异，一般需要贷记"材料成本差异"账户。（   ）

四、计算及账务处理题

1. 星海公司从乙公司赊购一批原材料,增值税专用发票上注明原材料价款 50 000 元,增值税税额为 8 500 元。根据购货和同约定,材料赊购期限为 30 天,现金折扣条件为"2/10,1/20,N/30",计算现金折扣时不考虑增值税。

   要求:采用总价法编制星海公司赊购原材料的下列分录:
   (1) 采购原材料。
   (2) 支付货款。
   ①假定 10 天内支付货款。
   ②假定 20 天内支付货款。
   ③假定超过 20 天支付货款。

2. 星海公司的存货采用计划成本法核算。某月 15 日,购进一批原材料,增值税专用发票上列明的材料价款为 50 000 元,增值税税额为 8 500 元。货款已通过银行转账支付,材料也已验收入库。

   要求:编制星海公司购进原材料的下列会计分录:
   (1) 支付货款。
   (2) 材料验收入库。
   ①假定材料的计划成本为 49 000 元。
   ②假定材料的计划成本为 52 000 元。

3. 星海公司 4 月初,结存原材料的计划成本为 50 000 元,材料成本差异为节约 3 000 元。4 月份,购进原材料的实际成本为 247 000 元,计划成本为 230 000 元;本月领用原材料的计划成本为 250 000 元,其中,生产领用 235 000 元,车间一般消耗 12 000 元,管理部门耗用 3 000 元。

   要求:作出星海公司发出原材料的下列会计处理:
   (1) 按计划成本领用原材料。
   (2) 计算本月材料成本差异率。
   (3) 分摊材料成本差异。
   (4) 计算月末结存原材料的实际成本。

4. 江南公司 2018 年 5 月 A 存货明细账有关数据如下表:

数量单位:千克　　　　　　　　　　　　　　　　　　　　　　　　单价/金额单位:元

年		摘要	借方发生额			贷方发生额			余额		
月	日		数量	单价	金额	数量	单价	金额	数量	单价	金额
5	1								100	3	300
	2	购入	400	3.50	1 400						
	4	发出				200					

续上表

年		摘要	借方发生额			贷方发生额			余额		
月	日		数量	单价	金额	数量	单价	金额	数量	单价	金额
	10	购入	1 500	3.20	4 800						
	15	发出				600					
	20	发出				700					
	25	购入	2 000	3	6 000						
	30	发出				500					
		月计	3 900		12 200	2 000			2 000		

试分别用先进先出法、加权平均法计算发出 A 存货的实际成本。

5. 明明超市 2018 年 6 月完成营业收入 400 万元，上季度毛利率 20%，试据此计算超市 6 月份的发出存货成本。

6. 柔柔超市 2018 年 1—3 月完成营业收入 1 000 万元，营业成本 600 万元。4 月、5 月分别实现收入 350 万元、500 万元，试采用毛利率法计算超市 4 月、5 月份的发出存货成本。

7. "材料成本差异 – A" 和 "原材料 – A" 两个账户期初均无余额。本月购入 A 材料实际成本 46 800 元，计划成本 40 000 元，发生超支差异 6 800 元。本月生产领用 A 材料 28 000 元，工程部门领用 3 000 元，管理部门领用 2 000 元。试据此编制发出和分配 A 材料的会计分录。

8. "材料成本差异 – B" 和 "原材料 – B" 两个账户期初均无余额。本月购入 B 材料实际成本 48 000 元，计划成本 50 000 元。本月生产领用 B 材料 35 000 元，工程部门领用 6 000 元，直接销售领用 5 000 元。试据此编制发出和分配 B 材料的会计分录。

9. "材料成本差异 – C" 和 "原材料 – C" 两个账户期初余额分别为 1 200 元（借）和 10 000 元。本月购入 C 材料实际成本 46 800 元，计划成本 40 000 元。本月生产领用 C 材料 25 000 元，工程部门领用 4 000 元，管理部门领用 1 000 元。试据此编制发出和分配 C 材料的会计分录。

10. "材料成本差异 – D" 和 "原材料 – D" 两个账户期初余额分别为 1 000 元（贷）和 15 000 元。本月购入 D 材料实际成本 34 200 元，计划成本 35 000 元。本月生产领用 D 材料 29 000 元，工程部门领用 7 000 元，直接销售领用 2 000 元。试据此编制发出和分配 D 材料的会计分录。

11. 期初 E 材料计划成本 25 000 元，差异率 2%。本月入库 E 材料实际成本 72 000 元，计划成本 75 000 元。本月发出 E 材料 80 000 元，分别为：基本生产领用 66 000 元，辅助生产领用 4 000 元，车间一般性消耗领用 2 000 元。试据此编制入库并结转差异、发出和分配 E 材料的会计分录。

12. 期初F材料计划成本30 000元，差异率-6%。本月入库F材料实际成本79 000元，计划成本70 000元。本月发出F材料82 000元，分别为：基本生产领用75 000元，辅助生产领用5 000元，车间一般性消耗领用2 000元。试据此编制入库并结转差异、出和分配F材料的会计分录。
13. 材料按照实际成本核算综合练习。
    (1) 以存款购入A材料2 000千克，不含税单价5元，税率16%，取得发票。对方直接送货上门。材料入库过程中以现金支付搬运费300元。办妥入库手续。
    (2) 赊购B材料2 000千克，含税单价6.96元，税率16%，取得发票。对方直接送货上门。材料入库过程中发生本企业职工搬运费300元（计入工资）。办妥入库手续。
    (3) 按照投资合同，收到股东投入材料1批，材料价款20万元，增值税2.6万元，办妥入库手续。
    (4) 与友谊公司签订购货合同，合同总金额50万元（不含税），2日，按照合同约定，预付30%的款项。25日，收到友谊公司发来的货物和发票，发票记载材料价款50万元，增值税8万元。应付快快运输公司款项1.1万元，其中，运费1万元，增值税0.1万元。材料验收入库。
    (5) 收到上月已经作为途中材料反映的C材料5 000件，不含税采购成本20万元。验收入库时发生挑选整理费用600元（计入工资）。办妥入库手续。
    (6) 偿还欠友谊公司款32万元（与（4）题相关）。
    (7) 以商业承兑汇票购入刚刚公司D材料40吨，不含税买价2万元/吨，税率16%。委托天天公司运输，运输费6.6万元（含税，税率10%）已通过银行转账支付且取得发票。
    (8) D材料运达，经验收，实际收到30吨，途中因为意外事故损失10吨，处理结果为：保险公司赔保10万元（款需要30天后才能到账），运输公司不承担赔偿责任，其余损失公司作为营业外支出处理（备注：意外损失的进项税额需要转出）。
14. 材料按照计划成本的核算综合练习。
    (1) 以存款购入A材料2 000千克，不含税单价5元，税率16%，取得发票。对方直接送货上门。材料入库过程中以现金支付搬运费300元。办妥入库手续，同步结转差异，A材料计划单价①4.50元；②6元。
    (2) 赊购B材料2 000千克，含税单价6.96元，税率16%，取得发票。对方直接送货上门。材料入库过程中发生本企业职工搬运费300元（计入工资）。办妥入库手续，同步结转差异，材料计划单价5元。
    (3) 按照投资合同，收到股东投入材料1批，材料价款20万元，增值税2.6万元，办妥入库手续，该批材料计划成本21万元，同步结转差异。
    (4) 与友谊公司签订购货合同，合同总金额50万元（不含税），2日，按照合同约定，预付 30% 的款项。25 日，收到友谊公司发来的货物和发票，发票记载材料价款 50 万元，增值税 8 万元。应付快快运输公司款项 1.1 万元，其中，运费 1 万元，增值税 0.1 万元。材料验收入库，该批材料计划成本 48 万元，同步结转差异。

(5) 收到上月已经作为途中材料反映的 C 材料 5 000 件，不含税采购成本 20 万元。验收入库时发生挑选整理费用 600 元（计入工资）。办妥入库手续。该批材料计划成本 20.5 万元，同步结转差异。

(6) 偿还欠友谊公司款 32 万元（与（4）题相关）。

(7) 以商业承兑汇票购入刚刚公司 D 材料 40 吨，不含税买价 2 万元/吨，税率 16%。委托天天公司运输，运输费 6.6 万元（含税，税率 10%）已通过银行转账支付且取得发票。计划成本 110 万元。

(8) D 材料运达，经验收，实际收到 30 吨，途中因为意外事故损失 10 吨，处理结果为：保险公司赔保 10 万元（款需要 30 天后才能到账），运输公司不承担赔偿责任，其余损失公司作为营业外支出处理（备注：意外损失的进项税额需要转出）。

(9) 购入辅助材料 1 批，实际成本 35 200 元，按照计划成本 36 000 元入库，同步结转差异。

(10) 购入包装物 1 批，含税买价 23 200 元（增值税率 16%），运输费（不含税）800 元，税率 10%。全部款项均以支票付讫。包装物按照计划成本 19 500 元入库，同步结转差异。

15. 海南公司对半成品采用计划成本核算，本期发生如下业务：

(1) 月初，发出 A 材料，委托甲公司加工成半成品，A 材料计划成本 8 000 元，"材料成本差异—A" 差异率 2%。

(2) 支付甲公司加工费（不含税）2 000 元，增值税率 16%，消费税率 10%。半成品收回后有两种情形：其一，用于继续生产应税消费税产品；其二，不再用于生产应税消费税产品。

(3) 加工完毕，按照计划成本 12 000 元验收入库。

16. A 公司与江东公司签订加工协议，委托江东公司加工材料 1 批。2 日，发出甲材料，成本 50 000 元，同时以现金付运杂费 900 元；15 日，以支票付加工税费 22 600 元，收到增值税专用发票，税率 13%；20 日，材料运回，付运输公司运费 2 200 元（含税，税率 10%），取得增值税专用发票，材料按照实际成本入库。

17. B 公司与大力公司签订加工协议，委托大力公司加工材料 1 批。5 日，发出乙材料，计划成本 50 000 元，差异率 2%，同时以现金付运杂费 700 元；15 日，以支票付加工税费 20 000 元（不含税，税率 16%），收到增值税专用发票；20 日，材料运回，运输公司运杂费 3 000 元暂欠，材料按照计划成本 75 000 元入库。

18. C 公司与旺旺公司签订加工协议，委托旺旺公司加工材料 1 批。5 日，发出材料，计划成本40 000元，差异率-5%，同时以现金付运杂费600元；15日，以支票付加工税费10 000元（不含税，税率13%），收到增值税专用发票；20日，材料运回，运输公司运杂费3 000元上月已预付，材料按照计划成本46 000元入库。

19. D公司与江东公司签订加工协议，委托江东公司加工材料1批。2日，发出甲材料，成本20 000元，同时以现金付运杂费1 500元；15日，以支票付加工税费23 600元，收到增值税专用发票，增值税税率13%，消费税税率5%，材料运回后继续用于生产应税消费税产品；20日，材料运回，付运输公司运费2 200元（含税，税率10%），取得增值税专用发票，材料按照实际成本入库。

20. E公司与恰恰公司签订加工协议，委托恰恰公司加工材料1批。5日，发出材料，计划成本30 000元，差异率1%，同时以现金付运杂费1 500元；15日，以支票付加工税费10 000元（不含税），收到增值税专用发票，增值税税率16%，消费税税率10%，材料运回后不再继续用于生产应税消费税产品；20日，材料运回，付运输公司运费2 200元（含税，税率10%），取得增值税专用发票，材料按照计划成本40 000元入库。

21. 生产阶段业务的核算综合练习。

   江南电器厂生产挂壁风扇和立式风扇，按照"直接材料、直接人工、制造费用"分别开设3个成本项目。设立了机修、运输两个辅助车间。月初相关账户余额如下表：

账户名称	余额（元）		备注
	借	贷	
基本生产—挂壁风扇	14 000		
基本生产—挂壁风扇（料）	6 000		200台
—挂壁风扇（工）	5 000		
—挂壁风扇（费）	3 000		
基本生产—立式风扇	32 500		
基本生产—立式风扇（料）	20 000		500台
—立式风扇（工）	7 500		
—立式风扇（费）	5 000		

本月发生以下业务：

（1）发出材料，生产1 800台挂壁风扇和4 500台立式风扇，材料在开工时一次性全部投入。发出材料汇总表如下：

领用部门	金额（元）	用途
生产车间	54 000	生产挂壁风扇
	180 000	生产立式风扇
	2 000	一般性消耗
机修车间	600	
运输车间	1 200	
合计	237 800	

（2）工资费用如下表：

部门	金额（元）	用途
生产工人工资	30 000	生产挂壁风扇
	40 000	生产立式风扇
生产车间管理人员	5 000	
机修车间	10 000	
运输车间	8 000	
合计	93 000	

（3）发生折旧费用如下表：

部门	金额（元）	用途
生产车间	9 000	
机修车间	1 000	
运输车间	2 500	
管理部门	6 500	
合计	19 000	

（4）生产车间发生其他付现费用800元。

期末

①分配辅助生产费用。（分配标准略）

分配结果：生产车间80%；其他20%。

②分配制造费用。（分配标准略）

分配结果：挂壁风扇40%，立式风扇60%。

③结转完工产品成本。

挂壁风扇完工1 600台，未完工400台的产品成本中，材料费12 000元，人工费3 500元，制造费用400元。立式风扇全部完工。

试据此计算并编制全部相关分录。

22. 包装物的核算。
    （1）企业购入包装物1批，含税买价58万元（税率16%），款项已经通过银行付讫，按照计划成本49万元入库。
    （2）入库包装物1批，采购成本18万元（上月已反映），按照计划成本20万元入库。
    （3）生产领用包装物，计划成本15万元，材料成本差异率-2%。
    （4）直接售出包装物，不含税售价10万元，税率16%。收到商业承兑汇票1张。该批包装物计划成本9万元，材料成本差异率-3%。
    （5）出借包装物，计划成本6万元，材料成本差异率1%，采用一次转销法。
23. 江东公司对专用工具采用实际成本核算，本期发生如下业务：
    （1）以支票购入专用工具1批，含税买价2 900元（税率16%），取得发票，直接入库。
    （2）验收入库上月已作途中存货反映的专用工具1批，不含税买价4 000元，税率16%。
    （3）车间领用专用工具1批，实际成本600元，采用一次摊销法。
24. 海南公司对通用工具采用计划成本核算，本期发生如下业务：
    （1）以支票购入通用工具1批，含税买价8 700元（税率16%），取得发票，按照计划成本8 000元入库。
    （2）验收入库上月已作途中存货反映的通用工具1批，采购成本4 000元，计划成本3 800元。
    （3）车间领用通用工具1批，计划成本5 000元，采用一次摊销法。
    （4）月初，通用工具计划成本8 200元，"材料成本差异—通用工具"超支差异300元。试据此分配本月发出通用工具成本差异。
25. 江北公司对管理工具采用计划成本核算，本期发生如下业务：
    （1）本月验收入库管理工具1批，采购成本3 500元，计划成本3 200元。
    （2）领用管理工具1批，计划成本2 000元，采用五五摊销法。
    （3）月初，管理工具计划成本4 800元，"材料成本差异—管理工具"差异率-4%。试据此分配本月发出管理工具成本差异。
26. 江东公司期末盘点存货，发现以下账实不符业务：
    （1）盘亏A材料100千克，单位成本4元，原因待查。
    （2）盘盈包装箱10个，单位成本20元，原因待查。
    （3）上述存货原因查明，其中A材料20千克由计量误差导致，其余为非常损失，保险公司同意赔付250元，其余损失计入营业外支出（A材料增值税率16%）；包装箱为已经使用且采用一次性摊销法的旧包装箱，做冲回处理。
27. 江南公司存货期末减值测试业务：
    （1）A材料采用单项计提方式，期初账面价值8 500元，其中，计划成本9 000元，超支差异500元。期末，进行减值测试，确认可变现价值与账面实际成本（计划成本与差异合并）一致。
(2) 铁皮包装箱 500 个，计划单位成本 20 元，节约差异 1%，期初"存货跌价准备—铁皮箱"没有余额。期末，铁皮箱可变现净值每个 18 元。
(3) 库存商品甲实际库存 2 000 个，单位实际成本 300 元，经过减值测试，每个实际可变现净值 280 元。假定期初该库存商品跌价准备余额 4 000 元。

第五章　长期股权投资

一、单项选择题

1. 企业采用成本法核算长期股权投资，当收到被投资单位分派的现金股利时，若为投资后产生的净利润分配的，应当（　　）。
   A. 减少长期股权投资　　　　　　　B. 冲减应收股利
   C. 增加实收资本　　　　　　　　　D. 计入投资收益

2. 当采用权益法核算长期股权投资时，被投资单位发生亏损，投资企业按应分担的份额应当（　　）。
   A. 贷记长期股权投资—损益调整　　B. 贷记应收股利
   C. 借记资本公积　　　　　　　　　D. 借记营业外支出

3. 关于长期股权投资的成本法和权益法核算，下列说法正确的是（　　）。
   A. 取得长期股权投资时投资成本的入账价值相同
   B. 被投资企业发生净损益时的处理方法相同
   C. 计提减值准备的条件相同
   D. 确认的投资收益金额相同

4. 当企业采用成本法核算长期股权投资时，对于股票持有期间被投资单位发放的现金股利，确认投资收益的时点是（　　）。
   A. 实际收到现金股利时
   B. 被投资单位宣告发放现金股利的股权登记日
   C. 被投资单位发放现金股利的除息日
   D. 被投资单位宣告发放现金股利时

5. 对同一控制下的企业合并，合并方以发行权益性证券作为合并对价的，下列说法中正确的是（　　）。
   A. 应当在合并日将取得被合并方所有者权益公允价值的份额作为长期股权投资的初始投资成本，将发行股份的面值总额作为股本
   B. 应当在合并日将取得被合并方可辨认净资产公允价值的份额作为长期股权投资的初始投资成本，将发行股份的面值总额作为股本
   C. 应当在合并日将取得被合并方所有者权益账面价值的份额作为长期股权投资的初始投资成本，将发行股份的面值总额作为股本
   D. 应当在合并日将取得被合并方所有者权益账面价值的份额作为长期股权投资的初始投资成本，将发行股份的面值总额作为股本，长期股权投资初始投资成本与所发行股份面值总额之间的差额，应当计入当期损益

6. 甲公司出资1 000万元，取得了乙公司80%的控股权，假如购买股权时乙公司的账面净资产价值为1 500万元，甲、乙公司合并前后同受一方控制，则甲公司确

认的长期股权投资成本为（　　）。

　　A. 500 万元　　　　B. 800 万元　　　　C. 1 000 万元　　　　D. 1 200 万元

7. 甲公司出资 1 000 万元，取得了乙公司 80% 的控股权，假如购买股权时乙公司的账面净资产价值为 1 500 万元，甲、乙公司合并前后不受同一方控制，则甲公司确认的长期股权投资成本为（　　）。

　　A. 600 万元　　　　B. 1 000 万元　　　　C. 1 500 万元　　　　D. 2 500 万元

8. 非企业合并，且以支付现金取得的长期股权投资，应当把（　　）作为初始投资成本。

　　A. 实际支付的购买价款
　　B. 被投资企业所有者权益账面价值的份额
　　C. 被投资企业所有者权益公允价值的份额
　　D. 被投资企业所有者权益

9. 非企业合并，且以发行权益性证券取得的长期股权投资，应当把发行权益性证券的（　　）作为初始投资成本。

　　A. 账面价值　　　　　　　　　　B. 公允价值
　　C. 支付的相关税费　　　　　　　D. 市场价格

10. 投资者投入的长期股权投资，如果合同或协议约定价值是公允的，应当把（　　）作为初始投资成本。

　　A. 投资合同或协议约定的价值　　B. 账面价值
　　C. 公允价值　　　　　　　　　　D. 市场价值

11. 甲公司出资 3 000 万元，取得了乙公司 60% 的控股权，甲公司对该项长期股权投资应采用（　　）核算。

　　A. 成本法　　　　B. 权益法　　　　C. 合并法　　　　D. 不限方法

12. 根据规定，长期股权投资在采用权益法核算时，初始投资成本大于应享有被投资单位可辨认资产公允价值份额之间的差额，正确的会计处理是（　　）。

　　A. 计入投资收益　　　　　　　　B. 冲减资本公积
　　C. 计入营业外支出　　　　　　　D. 不调整初始投资成本

13. 根据规定，长期股权投资在采用权益法核算时，下列各项不会引起长期股权投资账面价值减少的是（　　）。

　　A. 期末被投资单位对外捐赠　　　B. 被投资单位发生净亏损
　　C. 被投资单位计提盈余公积　　　D. 被投资单位宣告发放现金股利

14. A 公司 2016 年年初按投资份额出资 3 800 万元对 B 公司进行长期股权投资，占 B 公司股权比例的 55%。当年 B 公司亏损 100 万元；2017 年 B 公司亏损 400 万元；2018 年 B 公司实现净利润 30 万元。2018 年 A 公司计入投资收益的金额为（　　）。

　　A. 12 万元　　　　B. 10 万元　　　　C. 8 万元　　　　D. 0

15. A 公司以 2 200 万元取得 B 公司 30% 的股权，取得投资时被投资单位可辨认净资产的公允价值为 8 000 万元。若 A 公司能够对 B 公司施加重大影响，则 A 公司计入长期股权投资的金额为（　　）。

　　A. 2 200 万元　　　B. 2 400 万元　　　C. 5 800 万元　　　D. 8 000 万元

二、多项选择题

1. 当采用权益法时，能引起长期股权投资账面价值增减变动的事项有（　　）。
   A. 被投资企业实现净利润　　　　　　B. 被投资企业发生净亏损
   C. 收到现金股利　　　　　　　　　　D. 收到股票股利
2. 投资企业与被投资单位存在（　　）关系时，投资方应采用权益法核算。
   A. 无控制　　　B. 重大影响　　　C. 无重大影响　　　D. 共同控制
3. 当采用权益法核算时，可能记入"长期股权投资"科目贷方发生额的业务有（　　）。
   A. 被投资单位实现净利润　　　　　　B. 被投资单位收回长期股权投资
   C. 被投资单位发生亏损　　　　　　　D. 被投资单位宣告现金股利
4. 当采用权益法核算时，和"投资收益"账户有关的因素包括（　　）。
   A. 被投资单位实现净利润　　　　　　B. 被投资单位发生亏损
   C. 被投资单位接受捐赠　　　　　　　D. 被投资单位宣告分派股票股利
5. 当投资企业与被投资单位存在（　　）关系时，投资方应采用成本法核算。
   A. 控制　　　B. 重大影响　　　C. 无重大影响　　　D. 共同控制

三、判断题

1. 当采用权益法时，投资前被投资单位实现的净利润应包括在投资成本中，不单独核算。（　　）
2. 为进行长期投资而发生的借款费用，不应计入长期投资的成本，而应作为财务费用处理。（　　）
3. 无论是长期股权投资核算的成本法，还是权益法，均应在实际收到利润时确认投资收益。（　　）
4. 股票持有期限超过一年就应按长期股权投资的有关规定进行核算。（　　）
5. 投资企业只要持有被投资企业的股权比例超过 20% 就应采用权益法核算，反之则采用成本法核算。（　　）
6. 对长期股权投资采用成本法核算，投资后收到的现金股利和股票股利均应确认为投资收益。（　　）
7. A 公司购入 B 公司 15% 的股份，买价 2 340 万元，其中含有已宣告发放、但尚未领取的现金股利 66 000 元，那么 A 公司取得长期股权投资的成本为 2 340 万元。（　　）
8. 在成本法下，当被投资企业发生盈亏时，投资企业并不做账务处理；当被投资企业宣告分配现金股利时，投资方应将分得的现金股利确认为投资收益。（　　）

9. 长期股权投资采用成本法核算的,应按被投资单位宣告发放的现金股利或利润中属于本企业的部分,借记"应收股利"科目,贷记"投资收益"科目;属于被投资单位在本企业取得投资前实现净利润的分配额,应该借记"应收股利"科目,贷记"资本公积"科目。(　　)
10. 当采用权益法核算的长期股权投资的初始投资成本大于投资时,应享有被投资单位可辨认净资产公允价值份额的,其差额计入长期股权投资(股权投资差额)中。(　　)

四、计算与分录题

(一) 目的:练习长期股权投资成本法核算

A 有限责任公司发生有关长期股票投资的经济业务如下:

1. 2017 年 2 月 1 日,购入 D 股份公司股票 50 万股,每股成交价 5 元,印花税、手续费 4 000 元,占 D 股份公司有表决权资本的 10%,不具有重大影响,准备长期持有。款项均以银行存款支付。
2. D 公司 2018 年 3 月 5 日,宣告发放 2017 年度的现金股利,每股 0.10 元。
3. 2018 年 3 月 28 日,公司收到现金股利,存入银行。
4. 2019 年 4 月 2 日,D 公司宣告分派 2018 年度现金股利,每股 0.20 元。
5. 2019 年 4 月 30 日,公司收到现金股利存入银行。

要求:根据上述资料编制有关的会计分录。

(二) 目的:练习长期股权投资权益法核算

A 有限责任公司发生有关长期股票投资(假定为非企业合并)的经济业务如下:

1. 2018 年 6 月 5 日,购入 G 股份公司股票 200 万股(对方总股本 1 000 万股,具有重大影响),每股 7.90 元,其中包括已宣告未发放的现金股利每股 0.20 元,另支付相关税费 159 000 元。投资日 G 公司所有者权益总额为 6 000 万元。假定被投资单位可辨认净资产公允价值与所有者权益的账面价值相同。
2. 2018 年 7 月 5 日,收到 G 公司发放的现金股利。
3. 2018 年 G 公司实现年度净利润 840 万元。
4. 2019 年 2 月 2 日,G 公司宣告发放现金股利 400 万元,即每 10 股发放 4 元。
5. 2019 年 3 月 2 日,收到 G 公司发放的现金股利,存入银行。
6. 2019 年 G 公司发生净亏损 900 万元。

要求:根据上述资料编制有关的会计分录。

(三) 目的:综合练习长期股权投资权益法核算

甲公司 2017 年至 2019 年有关投资业务资料如下:

1. 2017 年 1 月 1 日,甲公司以银行存款 6 100 万元,购入乙公司股票,占乙公司有表决权股份的25%，对乙公司的财务和经营政策具有重大影响。2017年1月1日，乙公司所有者权益总额为24 400万元。假定被投资单位可辨认净资产公允价值与所有者权益的账面价值相同。

2. 2017年5月2日，乙公司宣告发放2016年度的现金股利400万元，并于2017年5月26日实际发放。
3. 2017年，乙公司实现净利润4 400万元。
4. 2018年，乙公司发生净亏损600万元。
5. 2018年12月31日，因乙公司发生严重财务困难，甲公司预计对乙公司长期股权投资的可收回金额为4 200万元。
6. 2019年5月，乙公司因接受外币资本投资，进行会计处理后，资本公积增加300万元。

要求：编制甲公司2017年至2019年投资业务相关的会计分录。

（四）同一控制下的企业合并形成的长期股权投资分录

1. 甲公司以存款4 000万元获得集团旗下乙公司60%的股权，合并日乙公司资产负债表显示资产总额3.5亿，负债总额2.8亿。合并发生时，乙公司已宣告但尚未发放的现金股利600万元（总额）。另外，甲公司以支票支付了合并相关税费3万元。
2. A公司以存款7 000万元获得集团旗下B公司50%的股权，合并日B公司资产负债表显示资产总额12亿，负债总额11亿。合并发生时，B公司已宣告但尚未发放的现金股利500万元（总额）。另外，A公司以支票支付了合并相关税费3万元。合并日，A公司"资本公积—股本溢价"贷余900万元，"盈余公积"贷余400万元。
3. C公司以应收账款1 300万元、交易性金融资产500万元、库存商品600万元（成本）取得D公司75%的股权，交易日，D公司账面净资产3 000万元。此外，C公司商品计税价格590万元，已提减值准备10万元，适用税率16%。合并发生时，C公司"资本公积—股本溢价"贷余420万元，"盈余公积"贷余350万元，"利润分配—未分配利润"贷余1 200万元。

或：C公司以应收账款1 300万元、交易性金融资产500万元、库存商品600万元（成本）取得D公司55%的股权，交易日，D公司账面净资产3 000万元。此外，C公司商品计税价格590万元，已提减值准备10万元，适用税率16%。合并发生时，C公司"资本公积—股本溢价"贷余420万元，"盈余公积"贷余350万元，"利润分配—未分配利润"贷余1 200万元。

4. E公司以仓库1栋（原值650万元，已提折旧350万元，已提减值准备80万元）获得F公司65%的股权。合并日F公司净资产300万元。合并日，E公司"资本公积—资本溢价"贷余20万元，"盈余公积"没有余额。
5. X公司以新股2 000万股获得Y公司40%的股权。交易日，Y公司净资产6 000

万元。X 公司新股每股面值 1 元，公允价值 3.50 元。

（五）非同一控制下的企业合并形成的长期股权投资分录

1. 甲公司以存款 4 800 万元获得乙公司 60% 的股权，另外，甲公司以支票支付了合并相关税费 3 万元。
2. C 公司以应收账款 1 300 万元、交易性金融资产 500 万元、库存商品 600 万元（成本）取得 D 公司 75% 的股权，交易日，D 公司账面资产公允价值 3 000 万元。此外，C 公司商品计税价格 590 万元，已提减值准备 10 万元，适用税率 16%。
3. E 公司以仓库 1 栋（原值 1 200 万元，已提折旧 350 万元，公允价值 1 000 万元）和专利权 1 项（账面价值 100 万元，其中，"无形资产—专利权"账户余额 230 万元，"累计摊销—专利权"账户贷余 130 万元）获得 F 公司 55% 的股权，专利权账面价值与公允价值一致。
4. M 公司以仓库 1 栋（原值 1 500 万元，已提折旧 400 万元，公允价值 1 000 万元）和专利权 1 项（账面价值 80 万元，其中，"无形资产—专利权"账户余额 210 万元，"累计摊销—专利权"账户贷余 130 万元）获得 N 公司的股权，专利权公允价值 100 万元。
5. X 公司以新股 2 000 万股获得 Y 公司 40% 的股权。交易日，Y 公司净资产公允价值 6 000 万元。X 公司新股每股面值 1 元，公允价值 3.50 元。以存款支付交易费用 15 万元。

（六）成本法综合练习

2017 年 1 月 10 日，星海公司以 19 560 万元的价款（包括交易税费）购入 C 公司每股面值 1 元的普通股 6 000 万股，该股票占 C 公司全部普通股的 60%，星海公司将其划分为长期股权投资并采用成本法核算。

要求：编制星海公司有关该项长期股权投资的下列会计分录。

（1）2017 年 1 月 10 日，购入股票。
（2）2017 年 3 月 5 日，C 公司宣告 2016 年股利分配方案，每股分派现金股利 0.10 元，并于 4 月 10 日派发。
　①2017 年 3 月 5 日，C 公司宣告分派现金股利。
　②2017 年 4 月 10 日，收到现金股利。
（3）2017 年，C 公司盈利 1 500 万元。2018 年 2 月 15 日，宣告 2017 年股利分配方案，每股分派现金股利 0.20 元，并于 3 月 20 日派发。
　①2018 年 2 月 15 日，C 公司宣告分派现金股利。
　②2018 年 3 月 20 日，收到现金股利。
（4）2018 年，C 公司盈利 1 800 万元。2019 年 3 月 20 日，宣告 2018 年股利分配方案，每股分派现金股利 0.15 元，并于 4 月 15 日派发。
　① 2019 年 3 月 20 日，C 公司宣告分派现金股利。

② 2019年4月15日，收到现金股利。

（5）2019年，C公司亏损 7 200 000 元。2020年3月5日，宣告2019年股利分配方案，每10股派送股票股利3股，并于4月15日派送。当年未分派现金股利。

第六章 固定资产

一、单项选择题

1. 甲公司为增值税一般纳税人，其于 2019 年 3 月 5 日外购一台不需安装的设备，增值税专用发票显示购买价款 200 000 元，增值税税额 32 000 元；同时支付运费（含税，税率 10%）2 200 元，专业人员服务费 3 000 元。因该设备为最新产品，为此发生员工培训费 5 000 元。该设备成本为（　　）元。
   A. 200 000   B. 202 000   C. 205 000   D. 210 000

2. 某企业 2017 年 1 月 1 日向丁公司购买专用设备一台，总价款 120 000 元，双方协议约定：该企业分期付款，于每年年末向丁公司支付价款 40 000 元，至 2019 年 12 月 31 日结清货款。假定该企业 3 年期的折现率为 10%，此专用设备的入账价值为（　　）元。已知（P/A，10%，3）=2.487。
   A. 40 000   B. 99 480   C. 100 000   D. 120 000

3. 企业自行建造固定资产过程中发生的工程物资盘亏应计入（　　）。
   A. 营业外支出   B. 管理费用   C. 在建工程   D. 固定资产

4. A 公司 2018 年 1 月 1 日外购一台需要安装的设备，总价款 300 000 万。购买协议约定，A 公司每半年支付价款 50 000 元，分 6 次付清。A 公司于 2019 年 1 月 3 日支付安装费 30 000 元并于当日达到预定可使用状态。假定 A 公司适用的折现率为 12%，该设备转为"固定资产"科目的金额为（　　）元。已知（P/A，12%，6）=4.111。
   A. 235 550   B. 250 000   C. 280 000   D. 330 000

5. 企业自行建造固定资产过程中发生的工程物资盘盈应计入（　　）。
   A. 营业外收入   B. 管理费用   C. 在建工程   D. 固定资产

6. 盘盈的固定资产经管理权限报经批准后，应（　　）。
   A. 冲减管理费用   B. 计入营业外收入
   C. 计入以前年度损益调整   D. 冲减累计折旧

7. 乙公司于 2018 年 1 月 1 日建成核电站核反应堆并交付使用，建造成本为 3 000 000 万元，使用寿命为 30 年。根据法律规定，该核电站试用期满后要进行拆除，预计发生弃置费用 180 000 万元。假定适用折现率为 10%，已知（P/F，10%，30）=0.0573。该核电站的初始入账价值为（　　）万元。
   A. 3 180 000   B. 3 010 314   C. 3 000 000   D. 2 820 000

8. 对于特殊行业固定资产因存在弃置费用在期初确认预计负债的，应在固定资产使用年限内进行摊销，并计入（　　）。
   A. 财务费用   B. 管理费用   C. 制造费用   D. 生产成本

9. 以经营租赁方式出租的固定资产，对其计提的折旧应计入（　　）。

A. 管理费用　　　　B. 其他业务成本　　C. 制造费用　　　　D. 销售费用

10. 未使用的固定资产，计提的折旧应计入（　　）。

    A. 管理费用　　　　B. 其他业务成本　　C. 制造费用　　　　D. 销售费用

11. 某企业2019年1月对自身生产线进行更新改造，已知该生产线建成于2016年12月28日，账面余额为160 000元，使用寿命为5年，预计净残值率5%。2019年1月至3月更新改造期间，领用原材料30 000元，另发生人工成本50 000元，更新改造完工后，该生产线使用寿命延长至7年。假设企业采用年限平均法计提折旧，则该企业2019年对生产线计提折旧金额为（　　）。

    A. 30 400元　　　　B. 34 048元　　　　C. 26 880元　　　　D. 32 280元

12. 管理使用固定资产的累计折旧计入（　　）。

    A. 管理费用　　　　B. 其他业务成本　　C. 制造费用　　　　D. 销售费用

13. 销售部门使用固定资产的累计折旧计入（　　）。

    A. 管理费用　　　　B. 其他业务成本　　C. 制造费用　　　　D. 销售费用

14. 企业对生产线进行扩建。该生产线原价为800万元，已计提折旧200万元。扩建生产线是领用原材料账面成本50万元，计税价格为70万元，增值税税率为16%，未扩建资产支付给职工的人工费为20万元，扩建时残料产生变价收入4万元，扩建支出符合固定资产确认条件。扩建后生产线新的原价应为（　　）。

    A. 874.5万元　　　B. 666万元　　　　C. 877.9万元　　　D. 674.5万元

15. 企业生产车间发生的不符合资本化的后续修理费支出，计入（　　）。

    A. 管理费用　　　　B. 其他业务成本　　C. 制造费用　　　　D. 销售费用

16. 丙公司一套生产设备在2019年年末可收回金额为200 000元，已知该设备原值为500 000元，已计提折旧280 000元，已计提减值准备30 000元，2019年年末应对该设备计提固定资产减值准备（　　）元。

    A. 20 000　　　　　B. 10 000　　　　　C. 0　　　　　　　D. 30 000

17. 某企业2018年底对其持有的一项机器设备对外出售，取得价款20 000元。已知该机器设备取得原价300 000元，已计提折旧285 000元，计提减值准备10 000元。在清理过程中，发生处置费用3 000元，取得残料收入5 000元，支付相关税费6 800元。该设备处置为（　　）。

    A. 净损失9 800元　　　　　　　　　B. 净收益9 800元
    C. 净损失10 200元　　　　　　　　D. 净收益10 200元

18. 甲公司于2018年12月20日通过董事会决议，拟出售公司原生产线，该生产线初始建造成本为5 600 000元，已计提折旧4 000 000万，未发生减值。甲同乙公司于2019年1月15日针对该生产线签订了不可撤销的转让协议，协议约定，该转让于2019年6月30日前完成。已知该生产线2019年1月15日的公允价值为2 000 000元，预计处置费用为500 000元，则该持有待售生产线金额为（　　）元。

    A. 1 600 000　　　B. 2 000 000　　　C. 1 500 000　　　D. 2 500 000

19. 下列各项固定资产，应计提折旧的是（　　）。
    A. 经营租赁租入的设备　　　　　B. 限制的厂房
    C. 未提足折旧提前报废的机器设备　D. 已提足折旧继续使用的机器设备
20. 将固定资产分类为经营用和非经营应固定资产两大类的划分标准是（　　）。
    A. 使用情况　　B. 经济用途　　C. 使用性能　　D. 来源渠道
21. 将固定资产分类为动力设备、运输设备、管理用具等的划分标准是（　　）。
    A. 使用情况　　B. 经济用途　　C. 使用性能　　D. 来源渠道
22. 不会影响固定资产折旧计算的因素是（　　）。
    A. 原始价值　　B. 预计净残值　　C. 固定资产的性能　　D. 预计使用年限
23. 下列固定资产不能计提折旧的是（　　）。
    A. 以单独计价入账的土地　　　　B. 大修理期间的固定资产
    C. 季节性停产的固定资产　　　　D. 未使用的固定资产
24. 企业购入一台需要安装的设备，实际支付买价20万元，增值税3.2万元；另支付运杂费0.3万元，途中保险费0.1万元；安装过程中，领用已批原材料，成本4万元，支付安装人员的工资2万元，该设备达到预定可使用状态时，其入账价值为（　　）。
    A. 30.65万元　　B. 27.08万元　　C. 30.48万元　　D. 26.4万元
25. 企业接受海外捐赠的设备一台，同类新设备的市价为100万元，估计成新率为60%，预计尚可使用6年，预计净残值为6.3万元。支付关税5万元，国内运杂费1万元，设备已安装完毕，支付安装调试费2万元，则该设备的入账价值是（　　）。
    A. 68万元　　B. 108万元　　C. 101.7万元　　D. 66万元

二、多项选择题

1. 固定资产可选择的计量属性有（　　）。
    A. 历史成本　　　　　　　　　B. 重置完全价值
    C. 公允价值　　　　　　　　　D. 未来现金流量现值
2. 下列固定资产中应计提折旧的是（　　）。
    A. 大修理停用的固定资产　　　B. 已单独计价入账的土地
    C. 融资租入的固定资产　　　　D. 未使用的建筑物
3. 下列业务中，需要通过"固定资产清理"科目进行处理的是（　　）。
    A. 固定资产重新安装　　　　　B. 固定资产出售
    C. 固定资产报废　　　　　　　D. 固定资产毁损
4. 下列各项应当计入固定资产成本的有（　　）。
    A. 进口关税　　B. 运输费　　C. 专业人员服务费　　D. 员工培训费
5. 外购固定资产有融资性质时，在建期间未确认融资费用摊销额计入（　　）；待固定资产达到预定可使用状态以后，未确认融资费用摊销额计入（　　）。

A. 管理费用　　　B. 在建工程　　　C. 财务费用　　　D. 固定资产

6. 在以出包方式建造固定资产时，为合理分摊无法单独识别承受主体的费用支出，应在"在建工程"科目设置明细（　　）。
   A. 建筑工程　　　B. 安装工程　　　C. 待摊支出　　　D. 其他费用

7. 下列各项需要计入"在建工程—待摊支出"的内容有（　　）。
   A. 联合试车费　　B. 某设备的安装费　C. 生产车间折旧　D. 工程监理费

8. 对固定资产折旧额产生影响的因素有（　　）。
   A. 固定资产使用寿命　　　　　　　B. 固定资产原价
   C. 固定资产预计净残值　　　　　　D. 固定资产减值准备

9. 固定资产折旧计提方法包括（　　）。
   A. 年数总和法　　B. 双倍余额递减法　C. 年限平均法　　D. 工作量法

10. 当月增加的固定资产当月（　　）折旧；当月减少的固定资产（　　）停止计提折旧。
    A. 计提　　　　B. 不计提　　　　C. 当月　　　　D. 下月

11. 在固定资产折旧方法中，属于加速折旧的是（　　）。
    A. 年数总和法　　B. 工作量法　　C. 年限平均法　　D. 双倍余额递减法

12. 固定资产在安装过程中，与"在建工程"账户构成对应关系的账户可能有（　　）等。
    A. 库存现金　　B. 银行存款　　　C. 工程物资　　　D. 应付职工薪酬

13. 固定资产账面价值等于账面原值减去（　　）。
    A. 累计折旧　　　　　　　　　　　B. 净残值
    C. 固定资产减值准备　　　　　　　D. 修理费用支出

14. 固定资产处置过程中应计入"固定资产清理"科目的有（　　）。
    A. 固定资产账面原值　　　　　　　B. 发生的处置费用
    C. 固定资产账面价值　　　　　　　D. 出售残料的收入

15. 企业将固定资产划分为持有待售需满足的条件有（　　）。
    A. 董事会就该项固定资产处置做出决议
    B. 与受让方签订了不可撤销的转让协议
    C. 转让在两年内完成
    D. 转让在一年内完成

16. 固定资产盘亏需通过（　　）科目进行处理，属于保险公司赔偿的部分，转入（　　）核算；固定资产盘盈需通过（　　）科目进行处理。
    A. 以前年度损益调整　　　　　　　B. 待处理财产损溢
    C. 其他应收款　　　　　　　　　　D. 管理费用

17. 下列固定资产应计提折旧的有（　　）。
    A. 大修理停用的固定资产　　　　　B. 单独计价入账的土地
    C. 融资租入的固定资产　　　　　　D. 更新改造过程中的固定资产

18. 下列业务中，可能通过"营业外支出"科目进行处理的有（　　）。
    A. 固定资产出租　　　　　　　B. 固定资产盘亏
    C. 固定资产出售损失　　　　　D. 固定资产日常修理
19. 随年限后移，使固定资产年折旧额呈现"先多后少"状态的折旧方法是（　　）。
    A. 年数总和法　　　　　　　　B. 双倍余额递减法
    C. 年限平均法　　　　　　　　D. 工作量法
20. "固定资产"账户发生增减变化并登记的业务有（　　）。
    A. 固定资产减值　B. 固定资产盘亏　C. 固定资产折旧　D. 固定资产盘盈

三、判断题

1. 企业对外出租的厂房也应通过"固定资产"科目核算。（　　）
2. 外购需要安装设备时，需将外购成本计入"在建工程"进行核算，待安装完成后转入"固定资产"科目。（　　）
3. 分期购入固定资产有融资性质时，支付价款总额应计入"长期应付款"科目。（　　）
4. 未确认融资费用是长期应付款的备抵科目。（　　）
5. 企业自行建造的固定资产达到预定可使用状态但尚未办理竣工结算手续的，应按估计价值入账并计提折旧；待办理竣工结算以后，相应调整固定资产及累计折旧金额。（　　）
6. 高危行业需按照国家规定计提安全生产费计入"专项储备"科目，待工程完工后，按照形成固定资产价值全额计提累计折旧，并相应冲减"专项储备"金额。（　　）
7. 企业为建造固定资产，取得土地使用权支付的土地出让金应当计入固定资产成本。（　　）
8. 当固定资产发生盘盈时，应通过"待处理财产损溢"进行核算。（　　）
9. 对于存在弃置费用的固定资产在初始确认时，将弃置费用现值计入"预计负债"体现会计信息质量的谨慎性原则。（　　）
10. 一般工业企业发生的固定资产报废清理费用同样需要在初始确认时将该费用折现计入成本。（　　）
11. 固定资产折旧计提方法变更属于会计政策变更范畴。（　　）
12. 提前报废的固定资产需补提折旧。（　　）
13. 固定资产折旧方法的选择应视该资产经济利益的预期实现方式而定，符合收入-费用的配比原则。（　　）
14. 企业对未使用的固定资产，不用计提折旧。（　　）
15. 企业应当于每年年度终了时，对固定资产的使用寿命、预计净残值及折旧方法进行复核。（　　）
16. 固定资产在更新改造过程中，不计提折旧；在大修理期间，同样不计提

折旧。（   ）
17. 固定资产减值一经确认，以后会计期间不得转回。（   ）
18. 处置固定资产的净损益，通过营业外收支进行核算。（   ）
19. 持有待售固定资产应停止计提折旧。（   ）
20. 我国企业在采用双倍余额递减法计提固定资产折旧时，最后两年之前并不需要考虑固定资产净残值。（   ）

四、业务题

（一）固定资产取得的核算

1. 企业以商业汇票购入不需要安装设备 1 台，价税合计 46.4 万元，税率 16%，运输途中产生运输费 1 万元，增值税 1 000 元，以信用卡支付。设备运回，交付车间使用。
2. 企业以银行汇票从济南机床厂购入需要安装的牛头刨 1 台，价税合计 23.2 万元，税率 16%，对方负责运输。设备运达，等待安装。
3. 济南机床厂技师抵达，开始安装牛头刨。安装工程中领用其他工程材料，领料单注明材料成本 4 300 元；撤除牛头刨包装物，其中钢材作为工程物资回收，作价 1 200 元；以现金支付技师安装费 900 元。安装完毕，交付车间使用。
4. 与客户海东公司达成债务重组协议，其所欠款项 116 000 元，以 1 台运输设备抵偿，取得发票，税率 16%。另以存款支付过户费等费用 500 元。
5. 企业对旧仓库进行加工改良，改良前仓库原始价值 300 万元，已提折旧 180 万元。改良工程中领用工程材料 20 万元；领用企业产品 4 万元（市场售价 5 万元）；领用原材料计划成本 2 万元，材料成本差异率 3%；产生人工费 6 万元；撤除旧钢窗出售，获现金 1 100 元。改良完毕，交付使用。
6. 企业开出现金支票，购入 10 台空调，价税合计 23.2 万元，税率 16%，用于车间降温，空调尚未运达。3 日后，空调运达，等待安装。2 日后，空调厂家派人上门安装，以现金支付额外材料费每台 30 元。安装完毕，交付使用。
7. 收到不需安装电脑 3 台，价税合计 1.06 万元，税率 6%。款项上月已预付 0.5 万元，余款暂欠。电脑交付部门使用。
8. 收到股东捐赠八成新运输汽车 1 辆，没有发票。该类汽车市场全新售价 25 万元。接受捐赠过程中以现金付过户费等 600 元，以支票付本年剩余月份保险费等 2 300 元。
9. 企业月初"在建工程—厂房"余额 520 万元。本月领用工程材料 40 万元；领用企业产品 3 万元（市场售价 5 万元）；领用原材料计划成本 1 万元，材料成本差异率 –4%；产生人工费 4 万元。建造完毕，交付使用。
10. 以金融资产换入不需要安装 A、B、C 设备 3 台，取得 1 张发票，注明总价款 45 万元，增值税按照 16% 另外计算。换出可供出售金融资产成本 56 万元，公允价值变动损益 11 万元（贷）。A、B、C 设备公允价值分别为 15 万元、17 万元、18 万元。

11. 江东公司在扩张期，发生以下固定资产业务，试分别编制相应的会计分录。
    (1) 以银行转账支票购入不需要安装的电子设备 1 套，买价 15 万元，增值税 2.4 万元。设备即交给销售部门使用。
    (2) 以银行承兑汇票购入不需要安装的运输汽车 1 辆，买价 20 万元，增值税 3.2 万元，车辆购置税 1 万元，车牌照费 2.5 万元。设备即交给运输车间使用。
    (3) 赊购需要安装机床 1 台，该机床含税买价 46.4 万元（税率 16%）。以支票付运输费 0.6 万元（不含税，税率 10%）及税金。机床运达后验收入库。10 天后，机床出库，交付专业公司安装，发生安装费税 1.16 万元（含税，税率 16%），款以现金方式付讫。安装过程中本公司派出人员协助，应计时工资 0.4 万元。安装完毕，交付给生产车间使用。
    (4) 以存款购入办公楼 1 栋（含同型号空调设备 10 台、电梯 2 个），共支付款项 2 320 万元（增值税 16%）。公司固定资产采用平均年限法核算，房屋建筑物折旧年限 30 年，电梯折旧年限 15 年，空调折旧年限 5 年。经测算，购买时办公楼、空调（单台）、电梯（单个）的公允价值分别为 1 900 万元、0.5 万元和 97.5 万元。
    (5) 接受股东甲投入需要安装车床 1 台，该车床公允价值 25 万元，投资作价 22 万元，直接交付现场安装。安装过程中发生付现费用 800 元，工资费用 1 200 元。安装完毕，交付车间使用。

（二）固定资产折旧的核算

1. A 公司对"固定资产—电动设备"采用双倍余额递减法计提折旧，设备原始价值 4 000 万元，预计可使用 10 年，期满时预计清理收入 50 万元，清理费用 10 万元。问：公司第 4 年 5 月的月折旧额是多少？
2. B 公司对"固定资产—机械设备"采用年数总和法计提折旧，设备原始价值 2 000 万元，预计可使用 9 年，预计净残值率 10%。问：公司第 8 年 3 月的月折旧额是多少？
3. C 公司对仓库进行改造，改造前仓库原始价值 1 200 万元，已提折旧 450 万元，已提减值准备 50 万元。改建工程采用出包方式，共支付工程费用 300 万元（转账支票支付），另发生付现费用 6 800 元（现金支票付讫，不符合资本化条件）。改造后，预计可以继续使用 20 年，采用直线法计提折旧，期满无残值。试据此计算改建后每月折旧额并编制改建过程和折旧的会计分录。

4. D 公司本月固定资产折旧计算一览表如下：

使用部门	固定资产原值（万元）	折旧方法	月折旧额（万元）	备注
生产部门	6 000	略	25	其中，本月新增固定资产月折旧3万元
销售部门	400		3	
管理部门	600		4	其中，本月报废固定资产月折旧1.8万元

试编制本月固定资产折旧的会计分录，并预计下月公司的折旧额。

（三）固定资产清理分录练习

1. 江东公司决定淘汰旧机床 1 台，该机床原始价值 55 万元，已提折旧 35 万元，已提减值准备 10 万元。旧机床作价 8 万元（不含税，税率 16%）出售给胖胖公司，款项以银行承兑汇票方式结算。在撤除过程中以现金付专业公司费用 2 000 元，以支票付运输公司运输税费 3 300 元（税率 10%）。相关票据已全部收到。
2. 江北公司决定淘汰旧仓库 1 栋，该仓库原始价值 480 万元，已提折旧 120 万元，已提减值准备 10 万元。旧仓库作价 600 万元（不含税，税率 16%）出售给恒达公司，款项以支票方式结算。在转让过程中支付了相关契税 2 万元。

（四）固定资产清查分录练习

1. 江东公司盘盈旧机床 1 台，该机床全新时重置完全价值 80 万元，估值三成新。公司去年盈利且没有所得税前弥补亏损项目，所得税率 25%，去年利润分配方案为：提取法定盈余公积 10%、任意盈余公积 5%。
2. 江北公司盘亏旧运输汽车 1 辆，该汽车原始价值 35 万元，已提折旧 12 万元，已提减值准备 3 万元。原因难以查明，按照保险合同，保险公司同意理赔 16 万元，款已收到。其余损失由汽车驾驶员与公司各承担 50%，驾驶员赔款待以后分 5 个月从工资中扣收。

第七章 无形资产

一、单项选择题

1. 关于无形资产，正确的表述是（　　）。
   A. 没有实物形态的资产都是无形资产
   B. 无形资产不能用于企业的行政管理
   C. 未来的经济利益具有高度的不确定性
   D. 无形资产不一定是可辨认的

2. 下列各资产中，不可以辨认的是（　　）。
   A. 专利权　　　B. 商标权　　　C. 非专利技术　　　D. 商誉

3. 企业 2014 年 1 月 1 日购入一项专利权，实际成本为 200 万元，摊销年限为 10 年，采用直线法摊销。2018 年 12 月 31 日，该无形资产发生减值，预计可收回金额为 70 万元。计提减值准备后，该无形资产原摊销年限和摊销方法不变。2019 年 12 月 31 日，该无形资产的账面价值为（　　）。
   A. 200 万元　　　B. 130 万元　　　C. 86 万元　　　D. 56 万元

4. 企业 2019 年 1 月 1 日，将一项专利技术出租给 L 公司使用，租期 2 年，年租金 80 万元（不含税），转让期间企业不再使用该项专利技术。该专利技术是企业于 2017 年 1 月 1 日购入的，初始入账价值 260 万元，预计使用年限为 10 年，采用直线法摊销。2018 年年末，企业对该项无形资产计提减值准备 48 万元，计提减值准备之后摊销方法，使用年限不变。假定不考虑其他因素，企业 2019 年因该专利技术形成的营业利润为（　　）。
   A. 60 万元　　　B. 56 万元　　　C. 54 万元　　　D. 50 万元

5. 企业 2018 年 7 月 1 日转让一项无形资产的所有权，转让价格为 60 万元。该无形资产是企业于 2015 年 7 月 1 日购入并投入使用，初始入账价值为 210 万元，预计使用年限为 5 年，法律规定的有限年限为 10 年，采用直线法摊销。企业转让无形资产发生的净损失为（　　）。
   A. 24 万元　　　B. 90 万元　　　C. 27 万元　　　D. 87 万元

6. 甲公司于 2018 年 10 月 1 日从 B 公司购买一项专利技术，支付对价 100 000 元，另外支付专业人员服务费 20 000 元。取得该技术后，甲公司组织员工培训，发生培训费用 10 000 元。甲公司购入该专利技术的入账价值为（　　）元。
   A. 100 000　　　B. 110 000　　　C. 120 000　　　D. 130 000

7. 某企业计划涉足餐饮业并因此和肯德基洽谈，拟支付 300 000 元向其购买特许经营权。经协商决定，该企业于 2017 年 6 月 30 日支付 50 000 元，剩余价款每半年支付一次，至 2019 年 12 月 31 日付讫。假设该企业适用的折现率为 12%，则该企业获得特许经营权的账面价值为（　　）元。已知（P/A，12%，6）=4.111 4。

A. 300 000　　B. 250 000　　C. 205 570　　D. 255 570
8. 丙公司通过银行存款支付 2 000 万元取得一块土地的使用权，其在该土地上建造库房，共发生以下费用：领用工程物资 1 000 万元，发生人员工资 30 万元，领用原材料 800 万元，建造过程中出现工程物资盘盈 10 万元。工程结束后，库房的入账价值为（　　）万元。
　　A. 3 830　　B. 1 840　　C. 1 820　　D. 3 820
9. 同一控制下吸收合并取得的无形资产，将被合并方无形资产的（　　）确认为初始成本。
　　A. 账面原值　　B. 账面价值　　C. 账面净值　　D. 公允价值
10. 企业自主研发无形资产过程中，研究阶段支出计入（　　）。
　　A. 无形资产成本　　B. 长期待摊费用　　C. 管理费用　　D. 生产成本
11. 某企业 2012 年取得一项土地使用权，法定期限为 50 年，其作为无形资产进行会计处理。2014 年因经营需要，该企业同甲公司签订转让协议，协议约定 2019 年将该土地使用权转让给甲公司。对该企业而言，此项土地使用权的使用寿命为（　　）。
　　A. 50 年　　B. 不确定　　C. 2 年　　D. 7 年
12. 企业在年度终了对无形资产使用寿命及摊销方法进行复核后，确实需要变更摊销方法的，属于（　　）。
　　A. 会计估计变更　　B. 会计政策变更　　C. 前期差错更正　　D. 会计处理失误
13. 甲公司于 2013 年 1 月 1 日支付对价 800 000 元外购一项专利权，从相关活跃市场得知其预计净残值为 60 000 元，采用工作量法进行摊销。甲公司在 2018 年 12 月 31 日进行复核时发现，该专利权的净残值为 200 000 元，这期间已摊销 650 000 元，那么 2019 年 1 月该专利权的摊销额为（　　）元。
　　A. 0　　B. 50 000　　C. 60 000　　D. 140 000
14. 无形资产摊销不可能计入（　　）。
　　A. 管理费用　　B. 制造费用　　C. 销售费用　　D. 财务费用
15. 企业对外出租无形资产的摊销额计入（　　）。
　　A. 管理费用　　B. 制造费用　　C. 主营业务成本　　D. 其他业务成本

二、多项选择题

1. 下列各项需列入"无形资产"科目核算的有（　　）。
　　A. 土地使用权　　B. 商标权　　C. 特许经营权　　D. 商誉
2. 下列各资产项目中可以辨认的有（　　）。
　　A. 专利权　　B. 商标权　　C. 著作权　　D. 土地使用权
3. 下列无形资产各项目中，可能影响企业营业利润的有（　　）。
　　A. 无形资产研究阶段的支出　　B. 无形资产开发阶段的支出
　　C. 无形资产出售损益　　D. 无形资产处置损益

4. 下列各项构成外购无形资产成本内容的有（　　）。
   A. 专业服务费　　B. 员工培训费　　C. 购买价款　　D. 宣传费
5. 下列无形资产各项目中，不影响企业营业利润的有（　　）。
   A. 无形资产研究阶段的支出　　　　B. 无形资产开发阶段的支出
   C. 无形资产出售损益　　　　　　　D. 无形资产处置损益
6. 开发阶段，内部支出资本化应达到的条件有（　　）。
   A. 完成该无形资产以使其能够使用或出售在技术上具有可行性
   B. 存在完成该无形资产并使用或出售的意图
   C. 有足够的技术、财务及其他资源支持，保证无形资产的开发
   D. 归属于该无形资产开发阶段的支出能够可靠地计量
7. B公司于2017年12月31日经董事会批准自主研发一项专利技术，董事会认为公司有足够的财力、技术等资源支撑完成该项技术研发并投入使用，使用该技术后，预计提高公司40%的产品合格品率。研究阶段领用材料150 000元，研发人员工资100 000元，发生其他费用60 000元；开发阶段领用材料100 000元，人员工资200 000元，其他费用100 000元，其中符合资本化条件的支出为340 000元。2019年2月28日，该项专利技术达到预定可使用状态，那么该技术的入账价值为（　　）元，研发过程中计入管理费用的为（　　）元。
   A. 400 000　　B. 340 000　　C. 370 000　　D. 310 000
8. 企业自主进行无形资产研发，会计处理时科目"研发支出"要设置明细（　　）。
   A. 研究支出　　B. 费用化支出　　C. 开发支出　　D. 资本化支出
9. 当月增加的无形资产，当月（　　）摊销；当月减少的无形资产，（　　）不再摊销。
   A. 需要　　B. 不需　　C. 当月　　D. 下月
10. 下列各项中，不需进行摊销的无形资产有（　　）。
    A. 持有待售的无形资产　　　　　B. 估计残值高于账面价值的无形资产
    C. 当月减少的无形资产　　　　　D. 使用寿命有限的无形资产

三、判断题

1. 商誉属于企业的无形资产。（　　）
2. 无形资产同固定资产一样，均属于企业的非货币性资产，但二者为企业带来经济利益的形式存在差别。（　　）
3. 商标权每次续展注册的有效期是20年。（　　）
4. 通过政府补助取得的无形资产，按名义金额计量。（　　）
5. 投资者投入的无形资产，无论协议价值公允与否，均应按照无形资产的公允价值入账。（　　）
6. 企业为建造自用厂房购入的土地使用权，应将其计入厂房成本。（　　）
7. 房地产开发企业为建造对外出售商品房而外购的土地使用权，应单独作为无形资

产进行核算、列示。（   ）
8. 企业内部研究开发过程中，研究阶段的支出应费用化，开发阶段的支出应资本化。（   ）
9. 无形资产摊销一经确定，不得随意更改。（   ）
10. 对于使用寿命不确定的无形资产，不需要进行摊销，但需要进行减值测试。（   ）
11. 使用寿命有限的无形资产，其残值一般视为零。（   ）
12. 企业对外出售无形资产，取得的价款高于无形资产账面价值的部分计入营业外收入进行核算。（   ）
13. 没有实物形态的资产都是无形资产。（   ）
14. 无形资产减值损失计入管理费用。（   ）
15. 无形资产的使用寿命不能超过合同性权利规定的期限。（   ）

四、计算与分录题

1. 以现金支票购入发明权 1 项，成本 20 万元，预计收益期 10 年。3 年后，以 5 万元的价格（不含税）售出，增值税税率 6%，收到银行承兑汇票 1 张。
2. 企业债务人发生财务危机，其所欠款项 15 万元，经过债务协商，以现金和一项专利权抵偿，专利权公允价值 10 万元，现金补偿额 3 万元。协议生效日，企业收到支票和专利权转让合法文件。该债权企业在以前会计期间计提了坏账准备 1.5 万元。
3. 摊销本月无形资产。

用途	月摊销额	备注
产品商标	9 000	
专利权	4 000	出租
其他无形资产	3 000	

4. 处置土地使用权，取得时成本 50 万元，使用期 50 年，已经使用 10 年，出售收入 100 万元已经存入银行，应缴土地增值税 20 万元。
5. 接受股东以无形资产出资，投资合同约定该项无形资产占全部投资额 1 000 万元的 15%，企业以面值 1 元的普通股 100 万股认可其股权。
6. 企业期初"研发支出—资本化"账户余额 6 万元，本期研发支出合计 80 万元，其中，资本化部分 30 万元。期末，研发成功转为无形资产。
7. 企业 2017 年对 1 项出租的无形资产计提减值准备，该无形资产成本 70 万元，累计摊销 40 万元，预计可变现净值 25 万元。2018 年年末，该无形资产累计摊销了 45 万元，预计可变现净值 22 万元。2019 年年末，预计可变现净值 10 万元，累计摊销账户余额 50 万元。
8. 企业变卖无形资产，该无形资产成本 40 万元，累计摊销 30 万元，已提减值准备

2万元。不含税售价20万元，上月已预收10万元，余款暂未收到。增值税税率6%。

9. 诚信公司2018年12月份有关无形资产发生的业务如下：

(1) 12月5日购入1项专利权，支付专利权转让费及有关手续费共计158 000元，按合同规定，公司在合同签订日先行支付50 000元，其余额项在产品上市以后再行支付。

(2) 12月12日，为开发市场的需要，购入LD公司服装商标使用权，一次性支付款项1 800 000元。

(3) 12月18日，公司接受LD公司以土地使用权作价向本公司进行投资。经专业评估师评估，土地使用权的价值为8 600 000元，折换成公司每股面值为1元的普通股股票4 300 000股。

(4) 12月20日，公司出售1项专利权的所有权，出售价格130 000元（不含税，税率6%），出售时无形资产的账面余额150 000元，已摊销金额35 000元，已计提减值准备3 000元。

(5) 12月26日，公司将其拥有的1项专利权出租给星海公司使用。按合同规定，星海公司每年支付使用费31 800元（含税，税率6%），出租期限为5年。该项无形资产每年摊销12 000元。

(6) 12月31日，公司一项专利权发生减值，预计可收回金额为160 000元，初始入账金额为220 000元，累计摊销44 000元。

要求：根据上述资料编制会计分录。

第八章 投资性房地产

一、单项选择题

1. 投资性房地产后续计量由成本模式转为公允价值模式属于（　　）。
   A. 会计估计变更　　B. 会计政策变更　　C. 前期差错更正　　D. 会计处理失误
2. 企业对投资性房地产日常维护发生的费用化支出，计入（　　）。
   A. 管理费用　　B. 销售费用　　C. 其他业务成本　　D. 制造费用
3. 2019 年 3 月 31 日，甲公司与乙公司关于办公大楼的租赁合同到期，已知该办公大楼造价 2 000 万，已计提折旧 800 万。为赚取更高的租金收入，甲公司于 2019 年 4 月 1 日对该办公大楼进行再改造，完工后拟出租给丙公司，截至 2019 年 9 月 30 日，再改造完成，期间共领用材料 100 万，人员工资 20 万。甲公司与丙公司于 2019 年 10 月 1 日签订了租赁协议。甲公司采用成本模式对投资性房地产进行后续计量，2019 年 10 月 1 日，该办公大楼的账面价值为（　　）。
   A. 2 120 万元　　B. 2 000 万元　　C. 1 320 万元　　D. 1 200 万元
4. 下列各项资产，计提减值后发生价值回升，可以转回的是（　　）。
   A. 固定资产　　B. 无形资产　　C. 投资性房地产　　D. 存货
5. 某企业出租给外单位一栋房屋建筑物，作为投资性房地产进行核算，且采用成本模式对其进行后续计量。已知该建筑物成本 2 100 万元，使用寿命 30 年，预计净残值为 0。至 2018 年 12 月 31 日，发生累计折旧 1 400 万元，经减值测试发现，该建筑物可回收金额为 680 万元，剩余使用年限为 10 年，那么 2019 年该建筑物的折旧计提额为（　　）。
   A. 68 万元　　B. 70 万元　　C. 100 万元　　D. 138 万元
6. 投资性房地产由成本模式转换为公允价值模式进行后续计量时，转换当日公允价值与账面价值的差额（　　）。
   A. 计入其他综合收益　　　　　　B. 调整期初留存收益
   C. 计入投资收益　　　　　　　　D. 调整期末留存收益
7. 甲公司采用成本模式对一项对外出租的土地使用权进行后续计量，2018 年 12 月 31 日，该土地使用权满足用公允价值模式进行计量的条件，甲公司因此对其进行了调整。截止到 2018 年 12 月 31 日，该土地使用权的原值为 3 000 万元，已计提折旧 1 500 万元，计提减值准备 300 万元，当日其公允价值为 1 700 万元。已知甲公司按照 10% 比例提取盈余公积，则 2018 年 12 月 31 日甲公司因为该土地使用权计量模式转换计入盈余公积的金额为（　　）。
   A. 50 万元　　B. 120 万元　　C. 150 万元　　D. 170 万元
8. 房地产的转换源于房地产（　　）发生改变。
   A. 用途　　B. 形态　　C. 价值　　D. 位置

9. 2018年6月30日，丙公司与外单位签订租赁协议将丙公司自用办公大楼出租，该办公大楼账面价值3 000万元，截止到协议签订日已计提折旧1 800万元，计提减值准备100万元。丙公司采用成本模式对投资性房地产进行后续计量，租赁开始日该办公大楼作为投资性房地产的入账价值为（　　）。

　　A. 3 000万元　　B. 1 200万元　　C. 1 100万元　　D. 1 800万元

10. 一房地产开发企业B拟将自己建造的大楼对外出租，租赁开始日为2019年7月1日，该大楼建造成本为5 000万元，已计提折旧1 000万元，计提存货跌价准备200万元，租赁期开始日的公允价值为4 500万元。B企业采用公允价值模式对投资性房地产进行后续计量，对于该转换事项，计入"其他综合收益"的金额为（　　）。

　　A. 500万元　　B. 0　　C. 300万元　　D. 700万元

11. 企业处置投资性房地产取得的银行存款计入（　　）科目。

　　A. 主营业务收入　　B. 营业外收入　　C. 其他业务收入　　D. 投资性房地产

12. 乙公司于2016年12月31日将自用的办公大楼出租给外单位，租赁期为3年。租赁当日该办公大楼的账面价值为2 300万元，其中账面原值4 000万元，累计折旧1 500万元，计提减值准备200万元；公允价值为2 600万元。2018年12月31日，该办公大楼的公允价值为2 400万元，2019年12月31日租赁期届满，乙公司将该大楼对外出售，取得银行存款3 000万元。已知乙公司采用公允价值模式对投资性房地产进行后续计量，则该大楼处置过程中成本结转金额为（　　）。

　　A. 2 300万元　　B. 2 400万元　　C. 2 600万元　　D. 2 800万元

13. 当企业将自用房地产转换为公允价值模式计量的投资性房地产时，公允价值大于账面价值的差额计入"资本公积"，待企业处置该投资性房地产时，形成的"资本公积"应（　　）。

　　A. 计入投资收益　　　　　　B. 计入公允价值变动损益
　　C. 冲减其他业务成本　　　　D. 计入其他业务收入

14. 某企业采用成本模式对投资性房地产进行后续计量时，计提的折旧或摊销应计入（　　）。

　　A. 管理费用　　B. 其他业务成本　　C. 制造费用　　D. 营业外支出

15. 企业将存货转换为以公允价值模式计量的投资性房地产，转换日公允价值低于账面价值的差额，计入（　　）。

　　A. 营业外支出　　　　　　B. 其他业务成本
　　C. 资本公积　　　　　　　D. 公允价值变动损益

16. 采用成本模式计量的投资性房地产，核算时不涉及的科目是（　　）。

　　A. 投资性房地产—成本　　　　B. 投资性房地产
　　C. 投资性房地产累计折旧（摊销）　　D. 投资性房地产减值准备

17. 下列各项中属于投资性房地产的是（　　）。

　　A. 企业计划出租但是尚未出租的土地使用权

B. 以经营租赁方式租入再转租给其他单位的房地产
C. 按照国家有关规定认定的闲置土地
D. 企业拥有产权并以经营租赁方式出租的建筑物

18. 2019年2月1日，甲公司从其他单位购入一块土地的使用权，并在这块土地上建造两栋厂房。2019年9月1日，甲公司预计厂房即将完工，与乙公司签订了经营租赁合同，将其中的一栋厂房租赁给其使用。租赁合同约定，该厂房于完工时开始出租。2019年9月15日，两栋厂房同时完工。该土地使用权的账面价值为1 200万元，两栋厂房实际发生的建造成本均为300万元，能够单独计量。若甲公司采用成本模式对投资性房地产进行后续计量，则甲公司2019年9月15日投资性房地产的入账价值为（　　）。

    A. 900万元　　　B. 1 500万元　　　C. 750万元　　　D. 1 200万元

19. 2019年3月1日，甲公司外购一栋写字楼并于当日直接租赁给乙公司使用，租赁期为6年，每年租金为180万元。甲公司对投资性房地产采用公允价值模式进行后续计量，该写字楼的实际取得成本为3 000万元；2019年12月31日，该写字楼的公允价值为3 100万元。假设不考虑相关税费，则该项投资性房地产对甲公司2019年度利润总额的影响金额是（　　）。

    A. 100万元　　　B. 250万元　　　C. 280万元　　　D. 180万元

20. 2019年3月，甲企业与乙企业签订的一项厂房经营租赁合同即将到期。该厂房的账面原价为2 000万元，已计提折旧600万元。为了提高厂房的租金收入，甲企业决定在租赁期满后对厂房进行改扩建。3月15日，与乙企业的租赁合同到期，厂房随即进入改扩建工程。12月10日，厂房改扩建工程完工，共发生支出150万元，均符合资本化条件。即日出租给丙企业。甲企业采用成本模式对投资性房地产进行后续计量。该项投资性房地产改扩建后的入账价值为（　　）。

    A. 2 150万元　　B. 1 550万元　　C. 1 400万元　　D. 2 000万元

21. 2019年3月2日，甲公司董事会作出决议，将其持有的一项土地使用权停止自用，待其增值后转让以获取增值收益。该项土地使用权的成本为1 200万元，预计使用年限为10年，预计净残值为200万元，甲公司对其采用直线法进行摊销，至转换时已使用了5年。若甲公司对其投资性房地产采用成本模式计量，该项土地使用权转换前后其预计使用年限、预计净残值以及摊销方法相同，则2019年甲公司该投资性房地产应计提的摊销额是（　　）。

    A. 100万元　　　B. 83.33万元　　　C. 91.67万元　　　D. 240万元

22. 甲公司持有一项投资性房地产，该项投资性房地产于2017年12月31日取得，原价900万元，预计使用20年，预计净残值为0，采用年限平均法计提折旧。2018年12月31日其公允价值为1 380万元，2019年该项投资性房地产每月取得租金收入6万元，2019年12月31日其公允价值为1 385万元，甲公司对投资性房地产采用成本模式进行后续计量。若不考虑增值税等相关因素影响，则该项投资性房地产对甲公司2019年利润总额的影响是（　　）。

A. 28.4 万元　　　　B. 27 万元　　　　C. 23.4 万元　　　　D. -23.4 万元

23. 某企业对投资性房地产采用成本模式进行后续计量。2019 年 1 月 1 日，该企业将一项投资性房地产转换为自用房地产（固定资产）。该投资性房地产的账面余额为 2 000 万元，已提折旧为 300 万元，已计提的减值准备为 100 万元。该投资性房地产在转换日的公允价值为 1 800 万元。转换日固定资产的账面价值为（　　）。

    A. 1 800 万元　　B. 1 600 万元　　C. 2 000 万元　　D. 1 900 万元

24. 甲房地产公司于 2019 年 1 月 1 日将一幢商品房对外出租并采用公允价值模式计量，租期为 3 年，每年 12 月 31 日收取租金 100 万元。出租时，该幢商品房的成本为 2 000 万元，未计提存货跌价准备，公允价值为 2 200 万元。2019 年 12 月 31 日，该幢商品房的公允价值为 2 250 万元。不考虑其他因素的影响，甲房地产公司 2019 年应确认的公允价值变动损益为（　　）。

    A. 收益 50 万元　　B. 收益 250 万元　　C. 收益 100 万元　　D. 损失 100 万元

25. 某企业对投资性房地产采用公允价值模式计量。2018 年 7 月 1 日购入一幢建筑物并于当日进行出租。该建筑物的成本为 2 100 万元，用银行存款支付。2018 年 12 月 31 日，该投资性房地产的账面价值为 2 300 万元（成本为 2 100 万元，公允价值变动借方金额为 200 万元）。2019 年 4 月 30 日该企业将此项投资性房地产出售，售价为 2 800 万元。若不考虑相关税费的影响，则该企业处置投资性房地产时影响其他业务成本的金额为（　　）。

    A. 2 300 万元　　B. 1 950 万元　　C. 2 100 万元　　D. 2 350 万元

二、多项选择题

1. 下列属于"投资性房地产"内容的有（　　）。
    A. 出租的房屋建筑物　　　　B. 出租的土地使用权
    C. 出租的机器设备　　　　　D. 持有以备增值后转让的土地使用权

2. 企业拥有的土地使用权可能计入的科目有（　　）。
    A. 无形资产　　B. 存货　　C. 固定资产　　D. 投资性房地产

3. 投资性房地产的后续计量模式包括（　　）。
    A. 成本模式　　　　　　B. 公允价值模式
    C. 现值模式　　　　　　D. 可变现净值模式

4. 采用公允价值模式进行后续计量的投资性房地产，科目应设置明细（　　）。
    A. 成本　　B. 利息调整　　C. 公允价值变动　　D. 应收租金

5. 房地产转换的主要形式有（　　）。
    A. 自用房地产转换为投资性房地产　　B. 存货转换为投资性房地产
    C. 投资性房地产转换为自用房地产　　D. 投资性房地产转换为存货

6. 2019 年 9 月 1 日，某企业将对外出租的库房收回以自用。该库房账面价值为 1 500 万元，其中账面原值 2 000 万元，投资性房地产累计折旧 500 万元。在 2019 年 9

月1日该企业对此事项进行会计处理时的贷方科目有（　　）。
   A. 固定资产　　　　　　　　　B. 投资性房地产累计折旧
   C. 累计折旧　　　　　　　　　D. 投资性房地产

7. 甲公司为房地产开发企业，2018年12月31日经董事会决议，将之前对外出租的写字楼收回并对外出售。2018年12月31日该写字楼的公允价值为4 500万元，账面价值为4 200万元，其中成本为3 800万元，公允价值变动为400万元。当日甲公司的会计处理，借方科目为（　　），公允价值变动损益金额为（　　）万元。
   A. 固定资产　　　B. 开发产品　　　C. 300　　　　　　D. 400

8. 在房地产转换过程中，账面价值与公允价值间的差额可能计入的科目有（　　）。
   A. 公允价值变动损溢　　　　　B. 其他综合收益
   C. 盈余公积　　　　　　　　　D. 未分配利润

9. 对于企业以经营租赁方式出租的资产，不需计提折旧的有（　　）。
   A. 采用成本模式计量的已出租库房
   B. 采用公允价值模式计量的已出租土地使用权
   C. 采用成本模式计量的改扩建写字楼
   D. 采用成本模式计量的修理维护中办公大楼

10. 某房地产部分用于出租，部分用于出售，在各部分均能单独计量和出售的情况下，下列说法正确的有（　　）。
    A. 该房地产属于存货
    B. 该房地产属于投资性房地产
    C. 用于出售的部分属于存货
    D. 给房地产应分别确认存货和投资性房地产

11. 下列关于投资性房地产的后续支出说法，正确的有（　　）。
    A. 满足投资性房地产确认条件的后续支出，应当计入投资性房地产成本
    B. 企业对某项投资性房地产进行改扩建等再开发且将来仍作为投资性房地产的，应将其账面价值转入"在建工程"
    C. 企业对投资性房地产进行改扩建等再开发且将来仍作为投资性房地产的，在再开发期间应继续将其作为投资性房地产，继续进行折旧或摊销
    D. 对投资性房地产的日常维修应计入当期损益

12. 下列关于投资性房地产核算的表述中，不正确的有（　　）。
    A. 采用成本模式计量的投资性房地产应计提折旧或摊销，但不需要确认减值损失
    B. 采用成本模式计量的投资性房地产，符合条件时可转换为按公允价值模式计量
    C. 采用公允价值模式计量的投资性房地产，公允价值的变动金额应计入其他综合收益
    D. 采用公允价值模式计量的投资性房地产，符合条件时可转换为按成本模式计量

13. 下列有关投资性房地产公允价值确定的说法中，正确的有（　　）。
    A. 参照活跃市场上同类或类似房地产的现行市场价格（市场公开报价）
    B. 无法取得同类或类似房地产现行市场价格的，应当参照活跃市场上同类或类似房地产的最近交易价格，并考虑交易情况、交易日期，所在区域等因素，从而对投资性房地产的公允价值做出合理的估计
    C. 可以基于预计未来获得的租金收益和相关现金流量的现值计量
    D. 投资性房地产的公允价值是指在公平交易中，熟悉情况的当事人之间自愿进行房地产交换的价格

14. 下列各项中，一定会影响企业当期损益的有（　　）。
    A. 采用公允价值进行后续计量的投资性房地产，在持有期间公允价值变动的金额
    B. 投资性房地产由成本模式变更为公允价值模式进行后续计量，变更日公允价值与账面价值的差额
    C. 自用房地产转为采用成本模式进行后续计量的投资性房地产，转换日公允价值与账面价值的差额
    D. 采用公允价值模式计量的投资性房地产转为自用房地产，转换日的公允价值与账面价值的差额

15. 企业对投资性房地产采用公允价值模式进行后续计量，下列各项中，影响企业营业利润的有（　　）。
    A. 租金收入
    B. 投资性房地产转换为非投资性房地产，公允价值大于账面价值的差额
    C. 投资性房地产的公允价值变动的金额
    D. 非投资性房地产转换为投资性房地产，公允价值大于账面价值的差额

16. 在成本模式下，关于投资性房地产的转换，下列说法中不正确的有（　　）。
    A. 转换为存货，应当将房地产转换时的账面价值作为存货的入账价值
    B. 转换为存货，应当将房地产转换日的公允价值作为转换后的入账价值
    C. 当自用房地产转为投资性房地产时，应当将房地产转换日的公允价值作为转换后的入账价值
    D. 当投资性房地产转为自用房地产时，应当将房地产转换日的公允价值作为转换后的入账价值

17. 下列各项中，影响企业所有者权益的有（　　）。
    A. 采用成本模式计量的投资性房地产，期末可收回金额高于账面价值的差额
    B. 采用成本模式计量的投资性房地产，期末可收回金额低于账面价值的差额
    C. 企业将采用公允价值模式计量的投资性房地产转为自用的房地产，转换日的公允价值高于账面价值的差额
    D. 当自用房地产转换为采用公允价值模式计量的投资性房地产时，转换日房地产的公允价值小于账面价值的差额

18. 南方公司为房地产开发企业，2019 年 6 月 30 日决定将原本用于出租的房地产重新开发用于对外销售，2019 年 7 月 1 日董事会做出书面决议表明将其重新开发。转换日，投资性房地产账面价值 4 000 万元【其中成本 3 700 万元，公允价值变动（借方）300 万元】，公允价值为 4 500 万元。假设南方公司对投资性房地产采用公允价值模式进行后续计量，不考虑其他因素的影响，则下列说法正确的有（ ）。

   A. 投资性房地产转为存货的日期为 2019 年 6 月 30 日
   B. 投资性房地产转为存货的日期为 2019 年 7 月 1 日
   C. 转换日，存货的入账价值为 4 500 万元，同时将投资性房地产持有期间的公允价值变动转出
   D. 投资性房地产转为存货，转换日应确认公允价值变动损益 500 万元

19. 当处置采用公允价值模式计量的投资性房地产时，下列说法不正确的有（ ）。

   A. 处置投资性房地产时，应按累计公允价值变动金额，将公允价值变动损益转入其他业务成本
   B. 处置投资性房地产时，持有期间确认的其他综合收益结转到其他业务成本
   C. 处置价款与该投资性房地产账面价值之间的差额，应计入投资收益
   D. 对于投资性房地产的累计公允价值变动金额，在处置时不需要进行会计处理

20. 关于投资性房地产转换后的入账价值的确定，下列说法中正确的有（ ）。

   A. 当作为存货的房地产转换为采用成本模式计量的投资性房地产时，应按该项存货在转换日的账面价值，借记"投资性房地产"科目
   B. 当采用公允价值模式计量的投资性房地产转换为自用房地产时，应以其转换当日的公允价值作为自用房地产的入账价值
   C. 当采用公允价值模式计量的投资性房地产转换为自用房地产时，应当以其转换当日的账面价值作为自用房地产的入账价值
   D. 当自用房地产或存货转换为采用公允价值模式计量的投资性房地产时，投资性房地产按照转换当日房地产的账面价值作为入账价值

三、判断题

1. 投资性房地产是指为赚取租金或资本增值，或者两者兼有而持有的房地产。（ ）

2. 自行建造投资性房地产，其成本由建造该项资产达到预定可使用状态之前发生的必要支出构成，包括土地开发费用、建筑成本、安装成本、应予以资本化的借款费用、支付的其他费用和分摊的间接费用等。（ ）

3. 企业购入房地产，自用一段时间之后再改为出租或用于资本增值的，应当先将外购的房地产确认为固定资产、无形资产或存货，自租赁期开始日或用于资本增值之日开始，才能从固定资产、无形资产或存货转换为投资性房地产。（ ）

4. 对投资性房地产进行日常维护所发生的支出，应当在发生时计入当期损益，借记

"其他业务成本"等科目，贷记"银行存款"等科目。（　　）

5. 投资性房地产后续计量模式包括成本和公允价值两种模式，同一企业可以同时采用两种计量模式对其投资性房地产进行后续计量。（　　）

6. 采用公允价值模式计量的投资性房地产不应计提折旧或摊销。企业应当以资产负债表日投资性房地产的公允价值为基础调整其账面价值，并将当期公允价值变动金额计入当期损益。（　　）

7. 投资性房地产的后续计量从成本模式转为公允价值模式的，转换日投资性房地产的公允价值高于其账面价值的差额计入其他综合收益。（　　）

8. 企业出售投资性房地产应按照售价与账面价值的差额计入投资收益，同时一并结转持有期间确认的其他综合收益与公允价值变动损益。（　　）

9. 企业对投资性房地产采用成本模式计量，在相应的处置投资性房地产发生的相关增值税，影响投资性房地产处置损益。（　　）

10. 当企业将作为存货的房地产转换为成本模式计量的投资性房地产时，应当按照该存货的公允价值，借记"投资性房地产"科目。（　　）

四、业务题

1. 大风公司于 2017 年 12 月 31 日将一建筑物对外出租并采用成本模式计量，租期为 2 年，每年 12 月 31 日收取租金，租金总额为 500 万元。出租时，该建筑物的成本为 1 800 万元，已提折旧 300 万元，已提减值准备 200 万元，尚可使用年限为 13 年，当日公允价值为 2 000 万元。大风公司对该建筑物采用年限平均法计提折旧，无残值。2018 年 12 月 31 日该建筑物的公允价值减去处置费用后的净额为 880 万元，预计未来现金流量现值为 900 万元。2019 年 12 月 31 日租赁期满，将投资性房地产转为自用房地产投入行政管理部门使用。假定转换后建筑物的折旧方法、预计使用年限和预计净残值未发生变化，不考虑其他因素的影响。
要求：编制大风公司上述经济业务的会计分录。

2. 先锋公司采用公允价值模式计量投资性房地产，2017 年 9 月 30 日，董事会决定将一栋自用办公楼对外出租，协议约定租赁期为 2 年，年租金为 240 万元，租金于每年年末收取。2017 年 9 月 30 日为租赁期开始日。该办公楼自 2013 年 9 月 30 日取得，其购买价款为 20 000 万元，预计使用年限是 40 年，预计净残值为 0，采用年限平均法计提折旧，未计提资产减值准备。转换日，该办公楼的公允价值为 21 000 万元。2017 年 12 月 31 日的公允价值为 20 000 万元，2018 年 12 月 31 日的公允价值为 22 000 万元。2019 年 9 月 30 日，租赁期届满，先锋公司将该投资性房地产出售，其售价为 19 000 万元，并同时收到剩余部分的租金。
要求：假定不考虑其他相关因素，编制先锋公司与投资性房地产有关的会计分录。

3. 八方房地产公司（以下简称"八方公司"）于 2014 年 12 月 31 日将一建筑物对外出租并采用成本模式计量，租期为 3 年，每年 12 月 31 日收取租金 150 万元。出租时，该建筑物的成本为 2 800 万元，已提折旧 500 万元，已提减值准备 300 万元，尚可使用年限为20年，公允价值为1 800万元，八方公司对该建筑物采用年限平均法计提折旧，无残值。2015年12月31日该建筑物的公允价值减去处置费用后的净额为2 000万元，预计未来现金流量现值为1 950万元。2016年12月31日该建筑物的公允价值减去处置费用后的净额为1 650万元，预计未来现金流量现值为1 710万元。2017年12月31日该建筑物的公允价值减去处置费用后的净额为1 650万元，预计未来现金流量现值为1 700万元。2017年12月31日租赁期满，将投资性房地产转为自用房地产投入行政管理部门使用。假定转换后建筑物的折旧方法、预计折旧年限和预计净残值未发生变化。2018年12月31日该建筑物的公允价值减去处置费用后的净额为1 540万元，预计未来现金流量现值为1 560万元。2019年1月5日八方公司将该建筑物对外出售，收到1 520万元存入银行。（假定不考虑相关税费）。

要求：编制八方公司上述经济业务的会计分录。

4. 别克房地产公司于2015年1月1日将一幢商品房对外出租并采用公允价值模式计量，租期为3年，每年12月31日收取租金200万元。出租时，该幢商品房的成本为5 000万元，公允价值为6 000万元，2015年12月31日，该幢商品房的公允价值为6 300万元，2016年12月31日，该幢商品房的公允价值为6 600万元，2017年12月31日，该幢商品房的公允价值为6 700万元，2018年1月10日将该幢商品房对外出售，收到6 800万元存入银行。

要求：编制上述经济业务的会计分录。（假定按年确认损益和收入）

第九章 负 债

一、单项选择题

1. 下列项目不属于流动负债的是（ ）。
   A. 应付账款　　B. 应付票据　　C. 预付账款　　D. 其他应付款
2. 企业外购商品获得的现金折扣，应（ ）。
   A. 计入营业外收入　　　　　　B. 冲减财务费用
   C. 计入其他业务收入　　　　　D. 冲减管理费用
3. 甲公司为制造企业，2017年9月份生产车间工人工资50万元，销售人员工资100万元。甲公司分别按照职工工资总额的10%、12%、2%、10.5%、2%和1.5%计提了医疗保险、养老保险、失业保险、住房公积金、工会经费和职工教育经费，9月份计入"生产成本"的职工薪酬金额为（ ）。
   A. 100万元　　B. 69万元　　C. 67.25万元　　D. 50万元
4. 某企业为橄榄油生产企业，其拟打算于2018年春节给80名在职员工（其中管理人员10名）发放自产橄榄油一箱作为福利。已知一箱油的成本为500元，市场价格为700元，该企业为增值税一般纳税人，适用16%的增值税税率，应视同销售。该企业应计入管理费用的金额为（ ）。
   A. 5 000元　　B. 5 800元　　C. 7 000元　　D. 8 120元
5. 企业从外单位租赁的供职工免费住宿的宿舍，应支付的租金在确认应付职工薪酬的同时计入（ ）。
   A. 其他业务支出　　B. 其他应付款　　C. 营业外支出　　D. 管理费用
6. 企业自行建造的员工宿舍楼，对其计提的折旧应计入（ ）。
   A. 管理费用　　　　　　　　　B. 制造费用
   C. 其他业务支出　　　　　　　D. 应付职工薪酬—非货币性福利
7. 甲公司为留住员工，于2016年12月31日外购100部iphone 9手机低价出售给员工作为福利，单部手机进价为5 000元，出售给职工的价格为2 000元。甲公司并未因此规定员工至少应服务企业的年限，由此经济事项计入当期损益的金额为（ ）。
   A. 20万元　　B. 30万元　　C. 50万元　　D. 70万元
8. 企业辞退福利的确认要求在计入预计负债的同时，确认当期（ ）。
   A. 管理费用　　B. 应付职工薪酬　　C. 应付账款　　D. 其他应付款
9. 企业以书面信用赊购材料，签发的银行承兑汇票，列入（ ）账户核算。
   A. 应付账款　　B. 应付票据　　C. 其他应付款　　D. 长期应付款
10. 下列属于流动负债的项目是（ ）。
    A. 应收账款　　B. 应收票据　　C. 预收账款　　D. 其他应收款

11. 交通运输业一般纳税人适用的增值税税率是（　　）。
    A. 16%　　　　　B. 10%　　　　　C. 6%　　　　　D. 3%
12. 电器制造业一般纳税人适用的增值税税率是（　　）。
    A. 16%　　　　　B. 10%　　　　　C. 6%　　　　　D. 3%
13. 交通运输业小规模纳税人适用的增值税征收率是（　　）。
    A. 16%　　　　　B. 10%　　　　　C. 6%　　　　　D. 3%
14. 某啤酒厂销售 A 型啤酒 20 吨给副食品公司，开具增值税专用发票注明价款 58 000 元，收取包装物押金 3 050 元，其中包含重复使用的塑料周转箱押金 50 元；销售 B 型啤酒 10 吨给宾馆，开具普通发票取得收取 32 760 元，收取包装物押金 150 元。该啤酒厂应缴纳的消费税是（　　）。
    A. 5 000 元　　　B. 6 600 元　　　C. 7 200 元　　　D. 7 500 元
15. 下列行为涉及的货物，属于消费税征税范围的是（　　）。
    A. 批发商批发销售的雪茄烟　　　　B. 首饰厂生产的金银镶嵌首饰
    C. 鞭炮加工厂销售田径比赛用发令纸　D. 出国人员免税商店销售的金银首饰
16. 企业生产销售的下列产品中，属于消费税征税范围的是（　　）。
    A. 电动汽车　　　　　　　　　　　B. 体育用鞭炮药引线
    C. 销售价格为 9 000 元的手表　　　D. 铅蓄电池
17. 企业在发放工资环节代扣代缴个人所得税时，需要贷记的账户是（　　）。
    A. 应付职工薪酬　B. 应交税费　　C. 其他应付款　　D. 应付账款
18. 支付商业汇票承兑手续费，银行存款的对应账户一般是（　　）。
    A. 库存现金　　　B. 应付票据　　C. 财务费用　　　D. 管理费用
19. 短期借款利息，若符合资本化条件，需要借记的账户是（　　）。
    A. 固定资产　　　B. 在建工程　　C. 财务费用　　　D. 应付利息
20. 对外销售应税产品应交纳的资源税应计入（　　）科目
    A. 营业税金及附加 B. 销售费用　　C. 管理费用　　　D. 主营业务成本

二、多项选择题

1. "应交税费"科目核算的主要内容有（　　）等。
    A. 应交增值税　　B. 应交消费税　C. 应交资源税　　D. 应交所得税
2. 职工薪酬可能计入的对象有（　　）。
    A. 在建工程　　　B. 管理费用　　C. 生产成本　　　D. 研发支出
3. 列入"应付票据"核算的项目主要有（　　）。
    A. 银行本票　　　B. 银行承兑汇票　C. 银行汇票　　　D. 商业承兑汇票
4. 下列各项属于流动负债的是（　　）。
    A. 预收账款　　　B. 应付账款　　C. 长期借款　　　D. 应交税费
5. 下列各项属于非流动负债的是（　　）。
    A. 长期借款　　　B. 应付债券　　C. 应付利息　　　D. 长期应付款

6. 下列各项属于"应付职工薪酬"科目明细的有（   ）。
   A. 社会保险费　　　B. 非货币性福利　　　C. 住房公积金　　　D. 工资
7. 公司以低于成本的价格向员工销售产品或服务时，若合同规定了员工至少提供服务的年限，产品或服务的出售价格与成本间的差额，应计入（   ）；若合同没有规定员工至少提供服务的年限，产品或服务的出售价格与成本间的差额，应计入（   ）。
   A. 当期损益　　　B. 应收账款　　　C. 长期待摊费用　　　D. 期初留存收益
8. 增值税一般纳税人适用的税率主要有（   ）。
   A. 16%　　　B. 10%　　　C. 6%　　　D. 0
9. 增值税小规模纳税人适用的税率主要有（   ）。
   A. 16%　　　B. 10%　　　C. 5%　　　D. 3%
10. 消费税计算方式主要有（   ）。
    A. 从价定率　　　　　　　　　B. 从量定额
    C. 从价定率 + 从量定额　　　　D. 核定征收
11. 利息费用可能记入的账户有（   ）。
    A. 财务费用　　　B. 管理费用　　　C. 固定资产　　　D. 在建工程
12. 增值税扣税凭证一般指的是（   ）。
    A. 增值税专用发票　　　　　　B. 海关完税凭证
    C. 增值税普通发票　　　　　　D. 免税农产品收购凭证
13. 城市维护建设税是（   ）为计税依据征收的一种税。税率因纳税人所在地不同从 1% 到 7% 不等。
    A. 增值税　　　B. 消费税　　　C. 企业所得税　　　D. 个人所得税
14. 增值税一般纳税人应在"应交税费"科目下设置"应交增值税"明细科目，并在"应交增值税"明细账内设置（   ）、出口退税等专栏。
    A. 进项税额　　　B. 已交税金　　　C. 销项税额　　　D. 进项税额转出
15. 应付利息是指企业按照合同约定应支付的利息，包括（   ）等。
    A. 短期借款利息　　　　　　　B. 分期付息到期还本的长期借款利息
    C. 企业债券利息　　　　　　　D. 股息
16. 企业按照权责发生制原则计提长期借款利息时，可能借记的账户有（   ）。
    A. 固定资产　　　B. 在建工程　　　C. 财务费用　　　D. 应付利息
17. 借款费用资本化的条件有（   ）。
    A. 资产支出已经发生
    B. 借款费用已经发生
    C. 企业生产经营正常化
    D. 为使资产达到预定可使用状态所必要的购建活动已经开始
18. 企业交纳的（   ）等不需要预计应交数的税金，不通过"应交税费"科目核算。

A. 消费税　　　B. 印花税　　　C. 关税　　　D. 耕地占用税

19. 属于负债类账户，但在编制资产负债表时，可能需要根据明细账余额方向列入资产项目的有（　　）。

    A. 预收账款　　B. 应付账款　　C. 应付票据　　D. 应交税费

20. 属于资产类账户，但在编制资产负债表时，可能需要根据明细账余额方向列入负债项目的有（　　）。

    A. 应收账款　　B. 应收票据　　C. 预付账款　　D. 应收利息

三、判断题

1. 短期借款利息只能费用化。（　　）
2. 企业开出的商业汇票到期不能支付的，应在到期日将"应付票据"转入"应付账款"核算。（　　）
3. 带有现金折扣的"应付账款"入账金额应为总额扣除该现金折扣的金额。（　　）
4. 预收账款的贷方余额反映应收的款项。（　　）
5. 银行承兑汇票的核算账户是其他货币资金。（　　）
6. 企业自行生产的产品给员工发放福利时，应视同销售进行会计处理，且包含应缴纳的增值税额。（　　）
7. 辞退福利与正常养老金的本质区别在于劳动合同是否到期。（　　）
8. 应付账款明细账出现借方余额时，表示的性质是预付账款。（　　）
9. 补偿款项超过一年的辞退计划，应当以辞退福利的现值计入当期管理费用；但辞退福利与其现值相差金额不大的，也可不进行现值计算。（　　）
10. 企业购入生产经营用固定资产的进项税额可以抵扣；但企业购入的用于集体福利或个人消费的固定资产的进项税，需计入固定资产成本。（　　）
11. 增值税为价外税，消费税为价内税。（　　）
12. 借款利息符合资本化条件时，一般需要将利息费用记入"在建工程"账户。（　　）
13. 卷烟的消费税直接按照从价定率的方式计算。（　　）
14. 单价超过万元的手表，应当缴纳消费税。（　　）
15. 大城市的企业，城市维护建设税税率一般为7%。（　　）
16. 小规模纳税企业只需在"应交税费"科目下设置"应交增值税"明细科目，不需要在"应交增值税"明细科目中设置专栏。（　　）
17. 当企业按照权责发生制原则计提长期借款利息时，可能借记的账户是"应付利息"。（　　）
18. "应付股利"科目，核算企业确定或宣告支付但尚未实际支付的现金股利或利润。该科目借方登记应支付的现金股利或利润。（　　）
19. 由于长期借款的期限较长，至少是在1年以上，因此，不论借入日期有多长，在任何会计期末，均须在资产负债表非流动负债项目中列示。（　　）

20. 企业应当设置"企业债券备查簿",详细登记每一企业债券的票面金额、债券票面利率、还本付息期限与方式、发行总额、发行日期和编号、委托代售单位、转换股份等资料。(　　)

四、业务分录题

(一) 试对江南公司发生的以下业务编制会计分录

1. 与工商银行签约,获得 10 个月周转借款。2 月 1 日,款项到账,本金 100 万元,利率 6%,利息按季结算,于每个季末支付,最后一季利息随本金一同归还。企业每月末按照权责发生制原则计提利息。编制相关会计分录。
2. 因疏忽,欠 A 单位款项 600 元未及时清偿,现发现 A 单位已于去年破产清算完毕,款项确认无法支付。
3. 企业缴纳上月未交增值税 2 万元、个人所得税 0.6 万元、城建税 0.14 万元、教育费附加 0.08 万元。
4. 开出现金支票,归还 Q 单位包装物押金 6 000 元。
5. 承兑到期商业汇票,面值 10 万元,利息 1 万元(未计提)。

(二) 小规模纳税人会计业务

盖伦公司属于小规模纳税人,执行税率 3%。本月发生以下业务,试据此编制会计分录。
1. 按照合同规定发出商品,总成交额 20 600 元,款上月已预收 5 000 元。
2. 开出支票,缴纳上月增值税 640 元。
3. 本月工资总额 84 000 元,各种代扣代垫款项 15 000 元,其中,为职工代垫房租 6 000 元,个人所得税 1 500 元,"五险一金" 7 500 元。开出支票,委托银行代发工资 69 000 元。

(三) 短期借款会计业务

从广州工商银行取得 9 个月贷款 1 000 万元,年利率 6%,用于设备购置与安装。2 月 1 日,获得款项,入存结算户;2 月 5 日,开出支票,购入设备 1 台,含税买价 928 万元,税率 16%,取得增值税发票,设备即交付安装。同日,安装付现 32 万元。5 月 31 日,工程完工交付使用。10 月 31 日,归还贷款本息。假定利息按月计提,到期一次性还本付息。

(三) 现金折扣与资金成本

1. A 公司从 B 公司处赊购商品,总负债 100 万元,B 公司开出付款条件"3/10,N/30",此时,A 公司也可以从银行取得短期贷款,利率 9%。问:A 公司如何决策?
2. 甲公司从乙公司处赊购商品,总负债 100 万元,乙公司开出付款条件"1/10,N/

60"，此时，甲公司也可以从银行取得短期贷款，利率12%。问：甲公司如何决策？

3. A公司从B公司处赊购材料，价税合计116万元，取得增值税发票，税率16%，材料按照计划成本入库，计划成本98万元。B公司开出付款条件"3/10，N/30"，假定A公司实际付款日为①第10日；②第30日。试编制全部相关分录。

4. 甲公司从乙公司处赊购设备232万元，其中50万元已在合同签订时预付。乙公司现按照合同发出设备，并开出付款条件"1/10，N/60"，设备发票已开出，税率16%，实物也已到库，待安装。假定甲公司实际付款日为①第10日；②第60日。试编制全部相关分录。

（四）应付票据会计业务

A公司签发商业汇票，面值58万元，无息，承兑期三个月，从B公司处购入原材料100吨，税率16%。发生运输费0.55万元（含税，税率10%），A公司以支票付讫。材料按照每吨计划成本0.52万元入库。试编制相关会计分录。

（五）消费税练习

1. A公司委托江南公司加工，将甲材料加工为零部件。根据合同，A公司发出甲材料，计划成本50万元，材料成本差异率6%；加工费（不含税）10万元，增值税率10%，消费税率5%，款项上月已预付4万元，余款暂欠。加工完毕，零部件按照计划成本58万元入库，用于继续生产应税消费税产品。

2. B公司委托江南公司加工，将乙材料加工为零件。根据合同，B公司发出乙材料，计划成本30万元，材料成本差异率-4%；加工费（含增值税）6.96万元，增值税率16%，另产生消费税额1万元，款项以商业汇票方式结算，承兑期3个月，无息。加工完毕，零件按照计划成本40万元入库，不再用于继续生产应税消费税产品。

（六）长期应付款与融资费用

1. 人人公司2016年1月8日，从刚刚公司购买一项发明权，双方协议采用分期付款方式支付款项。合同规定，该项商标权总计1 500 000元，每年年末付款300 000元，五年付清。假定银行同期贷款利率为8%，五年期年金现值系数为3.993。请计算并写出相关的会计分录。

2. 厄尔公司2016年1月8日，从欧欧公司购买一项专利权，双方协议采用分期付款方式支付款项。合同规定，该项商标权总计2 000 000元，每年年末付款500 000元，四年付清。假定银行同期贷款利率为10%，四年期年金现值系数为3.170。请计算并写出相关的会计分录。

3. 江南公司2015年1月8日，从泡泡公司购买一项无形资产，经与泡泡公司协议采用分期付款方式支付款项。合同规定，该项无形资产总计9 000 000元，每年年末付款 3 000 000 元，三年付清。假定银行同期贷款利率为 6%，三年期年金现值系数为 2.673。请计算并写出相关的会计分录。

（七）综合题

资料：江东公司本月发生以下负债业务。

1. 赊购材料 1 批，不含税价 15 万元，增值税率 16%，消费税率 5%，完工后的商品不再缴纳消费税。材料运输过程中产生运输费（含税，税率 10%）8 800 元。材料正常运输验收入库，计划成本 16 万元。
2. 以银行承兑汇票购入需要安装机床 1 台，含税买价 58 万元，税率 16%；委托快捷公司运输，运输费 1 万元，增值税 0.1 万元，款项已预付一半。所有票据到手，机床入库待安装。
3. 开出支票，委托银行代发本月职工工资 123 400 元。
4. 职工张炬学习回来，经过批准报销学费及路费 3 500 元。张炬事前已预借款项 2 000 元，差额以现金支付。企业每月按照制度预提了职工教育经费。
5. 开出委托付款书，偿付欠快捷运输公司款项 0.55 万元。
6. 银行通知，原签发的银行承兑汇票到期，到期值 90 万元，账户实际可动用款项 50 万元，剩余 40 万元由银行代为承付，转作 2 个月周转贷款，年利率 12%。
7. 以存款缴纳上月增值税 12 万元。
8. 银行通知，已划转到期贷款本息 69 万元，其中，本金 60 万元。利息 9 万元中，截止到上月末已计提 6 万元。
9. 收到客户交来包装物押金 9 000 元，及时送存银行。
10. 退还 W 公司产品款 30 万元（去年预收了 100 万元，因为无法按时全部完成，根据合同退还）。

要求：计算并编制上述业务的会计分录。

第十章 所有者权益

一、单项选择题

1. 甲为股份有限公司，2018年6月30日定向增发普票2 000万股，每股面值1元，发行价格为7元。该经济事项中，甲确认的"资本公积—股本溢价"的金额为（   ）。
   A. 2 000万元   B. 14 000万元   C. 12 000万元   D. 10 000万元

2. 有限责任公司设立时，有限责任公司全部股东的货币出资额不得低于其注册资本总额的（   ）。
   A. 10%   B. 20%   C. 30%   D. 40%

3. 公司减少注册资本的，应自公告之日起（   ）日内申请变更登记。
   A. 30   B. 45   C. 60   D. 90

4. 股份有限公司经股东大会同意的发放股票股利的利润分配方案在增资的同时，需将同等金额的股利计入（   ）会计科目。
   A. 利润分配   B. 管理费用   C. 应付股利   D. 营业外支出

5. 甲股份有限公司至2018年12月31日共有发行在外的股票30 000万股，每股面值1元，当日甲公司"资本公积—股本溢价"账面价值为5 000万元，"盈余公积"为3 000万元，"利润分配—未分配利润"为2 000万元。经股东大会决议，甲公司拟以每股1.7元的价格回购10 000万股并注销，则注销后甲公司"盈余公积"的账面价值为（   ）。
   A. 3 000万元   B. 2 000万元   C. 1 000万元   D. 0

6. 股份有限公司减资过程中可能涉及的会计科目是（   ）。
   A. 股本   B. 库存股   C. 银行存款   D. 本年利润

7. "利润分配—未分配利润"的（   ）余额表示未弥补亏损的金额。
   A. 借方   B. 贷方   C. 期末   D. 期初

8. 公司发行股票支付的手续费、佣金等发行费用，应（   ）。
   A. 计入财务费用   B. 抵消资本（股本）溢价
   C. 计入管理费用   D. 计入营业外支出

9. 下列利润分配顺序正确的是（   ）。
   A. 提取法定盈余公积、提取任意盈余公积、分配优先股股利
   B. 分配优先股股利、提取法定盈余公积、提取任意盈余公积
   C. 提取任意盈余公积、分配优先股股利、提取法定盈余公积
   D. 提取法定盈余公积、分配优先股股利、提取任意盈余公积

10. 能够引起负债和所有者权益同时发生变动的经济事项是（   ）。
    A. 宣布发放现金股利   B. 盈余公积弥补亏损

C. 计提应付债券利息　　　　　D. 宣布发放股票股利
11. 下列有余额的利润分配明细账账户是（　　）。
　　A. 提取法定盈余公积　　　　　B. 提取任意盈余公积
　　C. 提取公益金　　　　　　　　D. 未分配利润
12. 若企业存在往年未弥补亏损，则必然体现在下列（　　）账户的借方期初余额
　　A. 本年利润　　B. 利润分配　　C. 实收资本　　D. 盈余公积
13. 按照我国法律，即便经过批准，企业股东以无形资产出资，最高比例也不得超过（　　）。
　　A. 20%　　　　B. 30%　　　　C. 40%　　　　D. 50%
14. 在溢价发行股票的情况下，企业发行股票取得的收入，超出股票面值的溢价收入应作为（　　）处理。
　　A. 股本　　　　B. 营业外收入　　C. 盈余公积　　D. 资本公积
15. 下列不属于留存收益的项目是（　　）。
　　A. 法定盈余公积　　B. 任意盈余公积　　C. 资本公积　　D. 未分配利润

二、多项选择题

1. 所有者权益的内容包括（　　）。
　　A. 实收资本　　B. 资本公积　　C. 盈余公积　　D. 未分配利润
2. 有限责任公司股东可以作为出资的有（　　）。
　　A. 货币　　　　B. 无形资产　　C. 固定资产　　D. 劳务
3. 企业增资的一般途径有（　　）。
　　A. 债转股　　　　　　　　　　B. 资本公积转为实收资本（股本）
　　C. 盈余公积转为实收资本（股本）　D. 投资者投入资本
4. 在公司可转换债券转增资本过程中，可能涉及"资本公积"科目下的明细内容有（　　）。
　　A. 资本溢价　　B. 股本溢价　　C. 自有资本公积　　D. 其他资本公积
5. 可能引起"资本公积—其他资本公积"发生变动的经济交易或事项有（　　）。
　　A. 存货或自用房地产转换为以公允价值计量的投资性房地产
　　B. 持有以权益法核算的长期股权投资的价值变动
　　C. 持有至到期投资重分类为可供出售金融资产
　　D. 可供出售金融资产公允价值的变动
6. 企业提取盈余公积的用途包括（　　）。
　　A. 弥补亏损　　B. 给投资者分红　　C. 扩大生产经营　　D. 转增资本
7. 在企业提取盈余公积过程中，可能涉及的会计科目有（　　）。
　　A. 利润分配—提取法定盈余公积金　　B. 盈余公积—法定盈余公积
　　C. 盈余公积—任意盈余公积　　　　　D. 利润分配—提取任意盈余公积金

8. 属于"利润分配"会计科目明细的有（　　）。
   A. 未分配利润　　　　　　　　B. 盈余公积补亏
   C. 提取法定盈余公积金　　　　D. 提取任意盈余公积金
9. 下列各项经济事项能够引起所有者变动的有（　　）。
   A. 用盈余公积弥补以前年度亏损　　B. 盈余公积转增资本
   C. 发放现金股利　　　　　　　　　D. 当年发生亏损
10. 所有者权益和负债的主要区别在于（　　）。
    A. 破产清算时，对资产索取的优先权不同
    B. 参与企业经营管理权不同
    C. 偿还期限不同
    D. 二者均属于权益类

三、判断题

1. 所有者权益即为企业资产减去负债以后的净资产。（　　）
2. 股份有限公司应将接受投资者投入的资产计入"实收资本"。（　　）
3. 股份有限公司的发起方式有发起式和募集式两种。（　　）
4. 股份有限公司的注册资本等于其发行的股票数和面值的乘积。（　　）
5. 中国允许股份有限公司溢价、折价、面值发行股票。（　　）
6. 公司法定公积金转增为注册资本的，留存的该项公积金应不少于转增前公司注册资本的25%。（　　）
7. 股份有限公司减资，无论从会计处理还是操作程序来讲，均比有限责任公司烦琐。（　　）
8. 公司法定公积金不足以弥补以前年度亏损的，应当在提取当年法定公积金前将净利润弥补亏损。（　　）
9. 公司必须在提取盈余公积以后方能将所余净利润向投资者进行分配。（　　）
10. 企业年终给股东发放现金股利和股票股利，进行会计处理时的贷方科目是相同的。（　　）
11. 同成本费用类科目一样，"本年利润"科目期末无余额。（　　）
12. 使用税前利润和税后利润弥补以前年度亏损的会计处理是相同的，带来的经济后果亦相同。（　　）
13. 收入能够导致所有者权益的增加，但能够使所有者权益增加的未必都是收入。（　　）
14. 某企业年初未分配利润为100万元，本年净利润为500万元，分别按照10%，15%计提盈余公积，企业年末未分配利润为600万元。（　　）
15. 固定资产折旧、无形资产摊销、投资性房地产折旧（摊销）均可引起企业资产和利润的同时减少。（　　）

四、业务题

（一）实收资本练习

1. 甲、乙、丙共同投资设立有限责任公司，注册资本为 4 000 万元，甲、乙、丙持股比例分别 60%、25% 和 15%。按照章程规定，甲、乙、丙投入资本分别为 2 400 万元、1 000 万元和 600 万元。有限责任公司已如期收到各投资者一次缴足的款项。

2. B 股份有限公司发行普通股 10 000 万股，每股面值 1 元，每股发行价格 5 元。假定股票发行成功，股款 5 亿元已全部收到，不考虑发行过程中的税费等因素。

3. 甲有限公司于设立时收到乙公司作为资本投入的不需要安装的机器设备一台，合同约定该机器设备的价值为 500 万元，增值税进项税额为 80 万元（由投资方支付税款，并提供或开具增值税专用发票）。经约定，甲有限责任公司接受乙公司的投入资本为 580 万元。合同约定的固定资产价值与公允价值相符，不考虑其他因素。

4. 乙有限责任公司于设立时收到 B 公司作为资本投入的原材料一批，该批原材料投资合同或协议约定价值（不含税）为 300 万元，增值税 48 万元（由投资方支付税款，并提供或开具增值税专用发票，假设合同约定的价值和公允价值相符，不考虑其他因素，原材料按计划成本进行日常核算，该批计划成本 305 万元。

5. 丙有限责任公司于设立时收到 A 公司作为资本投入的非专利技术一项，该非专利技术投资合同约定价值为 90 万元，同时收到 B 公司作为资本投入的土地使用权一项，投资合同约定价值为 1 200 万元。假设丙公司接受该非专利技术和土地使用权符合国家注册资本管理的有关规定，可按合同约定作实收资本入账，合同约定的价值与公允价值相符，不考虑其他因素。

6. A 上市公司 2018 年 12 月 31 日的股本为 10 000 000 元（面值 1 元），资本公积（股本溢价）为 2 500 万元，盈余公积为 3 600 万元，经股东大会批准，A 上市公司以现金回购本公司股票 2 000 万股并注销。假定 A 上市公司①按每股 2 元回购股票；②按每股 3 元回购股票。

（二）资本公积练习

1. A 有限责任公司由两位投资者投资 200 万元设立，每人各出资 100 万元。一年后，为扩大经营规模，经批准，A 有限责任公司注册资本增加到 300 万元，并引入第三位投资者加入。按照投资协议，新投资者需缴入现金 110 万元，同时享有该公司 1/3 的股份。A 有限责任公司已收到该现金投资。假定不考虑其他因素。

2. B 股份有限公司首次公开发行了普通股 2 亿股，每股面值 1 元，每股发行价格为 6 元。B 股份有限公司与证券公司约定，按发行收入的 5‰收取佣金，从发行收入中扣除。假定收到的股款已存入银行。

3. C 有限责任公司于 2018 年 1 月 1 日向 F 公司投资 2 800 万元，拥有该公司 20% 的股份,并对该公司有重大影响,因而对 F 公司长期股权投资采用权益法核算。2018 年 12 月 31 日,F 公司净损益之外的所有者权益增加了 700 万元。假定除此以外,F 公司的所有者权益没有变化,C 有限责任公司的持股比例没有变化,F 公司资产的账面价值与公允价值一致。

(三) 盈余公积练习

1. 江东股份有限公司本年实现净利润为 900 万元,年初未分配利润为 0 元。经股东大会批准,公司按当年净利润的 10% 提取法定盈余公积,5% 提取任意盈余公积。
2. 经股东大会批准,江南股份有限公司用以前年度提取的盈余公积弥补当年亏损,当年弥补亏损的数额为 130 万元。
3. 因扩大经营规模需要,经股东大会批准,江西股份有限公司将盈余公积 160 万元转增股本。
4. 江北股份有限公司 2018 年 12 月 31 日股本为 200 000 000 元(每股面值 1 元),可供投资者分配的利润为 3 800 万元,盈余公积为 4 500 万元。2019 年 3 月 20 日,股东大会批准了 2018 年度利润分配方案,按每 10 股 2 元分配现金股利。

(四) 利润分配练习

华东城股份有限公司本年实现净利润 1 000 万元,经股东大会批准,公司按净利润的 10% 提取法定盈余公积,5% 提取任意盈余公积。按照剩余可分配利润的 50% 分派现金股利。

(1) 结转实现净利润;
(2) 提取法定盈余公积、任意盈余公积;
(3) 分配现金股利;
(4) 结转利润分配结果。

第十一章 收 入

一、单项选择题

1. 销售自制半成品属于（   ）。
   A. 主营业务收入   B. 其他业务收入   C. 营业外收入   D. 生产成本
2. 企业未将存在退货风险的商品销售确认为收入，体现了会计信息质量的（   ）原则。
   A. 谨慎性   B. 实质重于形式   C. 相关性   D. 可靠性
3. 某企业 2018 年 12 月 1 日对外赊销商品 232 000 元（含税，税率 16%），已出具增值税专用发票。为鼓励对方尽快付款，该企业提出了"2/10，1/20，N/30"的现金折扣方案，客户于 12 月 9 日付清货款，该企业应确认收入为（   ）。
   A. 196 000 元   B. 198 000 元   C. 200 000 元   D. 232 000 元
4. 某大型商场（一般纳税人，执行税率 16%）为扩大销售，于元旦期间将金银首饰进行折扣销售，甲公司从该商场处以 80% 的折扣购买原价为 580 000 元的首饰作为员工福利，该商场针对此项交易确认的收入为（   ）元。
   A. 400 000   B. 464 000   C. 500 000   D. 580 000
5. 甲公司于 2019 年 2 月 1 日出售给 B 公司 50 套生产设备，总价值 700 万元（不含税，税率 16%）；2 月 20 日生产设备运抵 B 公司，其在验收过程中发现部分设备质量不达标，但并不影响实际生产。因此协商决定给予 B 公司 3% 的销售折让，假设不考虑税费影响。8 月甲公司因为该交易确认的销售收入金额为（   ）。
   A. 700 万元   B. 679 万元   C. 21 万元   D. 0
6. 相关的经济利益很可能流入企业，是指销售商品价款收回的可能性大于不能收回的可能性，即销售商品价款收回的可能性超过（   ）。
   A. 50%   B. 70%   C. 90%   D. 99%
7. 通常情况下，销售商品采用托收承付方式的，在（   ）时确认收入。
   A. 开具发票   B. 发出商品   C. 办妥托收手续 D. 收到货款
8. 为了单独反映已经发出但尚未确认销售收入的商品成本，企业应设置（   ）科目。
   A. 在途商品   B. 库存商品   C. 主营业务成本 D. 发出商品
9. 以收取手续费方式代销商品，待商品出售时，应贷记（   ）。
   A. 主营业务收入 B. 其他业务收入 C. 应付账款   D. 其他应付款
10. 企业销售原材料、包装物等存货实现的收入作为（   ）处理。
    A. 主营业务收入 B. 其他业务收入 C. 营业外收入   D. 投资收益
11. 对于一次就能完成的劳务，或在同一会计期间内开始并完成的劳务，应在（   ）时确认收入。

A. 合同签订 B. 提供劳务交易完成
C. 按照完工进度 D. 收齐劳务款项

12. 某运输公司将出租用汽车列入固定资产核算，但以出租汽车为主业，该公司在收到汽车出租收入时，应视为（　　）。
A. 主营业务收入 B. 其他业务收入 C. 营业外收入 D. 投资收益

13. 受托方通过"受托代销商品""受托代销商品款"等科目对受托代销商品进行核算，确认代销手续费收入时，借记（　　）科目，贷记"其他业务收入"等科目。
A. 受托代销商品 B. 受托代销商品款
C. 银行存款 D. 库存现金

14. 尚未确认销售收入的售出商品发生销售退回的，应当冲减（　　）科目，同时增加"库存商品"科目。
A. 发出商品 B. 主营业务成本 C. 应交税费 D. 主营业务收入

15. 已确认销售商品收入的售出商品发生销售退回的，除属于资产负债表日后事项外，一般应在发生时冲减（　　）。
A. 销售期销售商品收入 B. 当期销售商品收入
C. 下期销售商品收入 D. 以前年度损益调整

16. 委托方在发出商品时通常不应确认销售收入，而应在（　　）时确认为销售商品收入。
A. 对方实际售出日 B. 对方实际售出且收到款项日
C. 收到受托方开出的代销清单 D. 收到受托方转来的款项

17. 企业让渡资产使用权的使用费收入，一般通过（　　）科目核算。
A. 主营业务收入 B. 其他业务收入 C. 营业外收入 D. 投资收益

18. 已确认销售商品收入的售出商品发生销售退回的，当属于资产负债表日后事项时，会计处理需要应用的账户是（　　）。
A. 主营业务收入 B. 其他业务收入
C. 营业外收入 D. 以前年度损益调整

19. 处置闲置不用的固定资产所产生的收益，当收到款项时，需要贷记入（　　）账户。
A. 主营业务收入 B. 其他业务收入 C. 营业外收入 D. 固定资产清理

20. 随同商品销售但单独计价的包装物收入，属于（　　）。
A. 劳务收入 B. 主营业务收入 C. 其他业务收入 D. 营业外收入

二、多项选择题

1. 常见的企业收入类型有（　　）。
A. 销售商品 B. 提供劳务 C. 让渡资产使用权 D. 建造合同

2. 下列各项符合收入概念内涵的有（　　）。

A. 收入是企业的日常活动形成的，处置固定资产不构成企业收入
B. 收入的实现会导致所有者权益的增加
C. 收入与投资者投入的资本无关
D. 接受投资者现金投资属于企业收入

3. 企业采用"成本回收法"确认提供劳务收入的情况有（   ）。
   A. 资产负债表日，企业提供劳务交易的结果能够可靠计量
   B. 资产负债表日，企业提供劳务交易的结果不能可靠计量
   C. 已经发生的劳务成本预计能够得到补偿的，按发生的成本确认提供劳务收入，并按相同金额结转成本
   D. 已经发生的劳务成本预计不能得到补偿的，不确认劳务收入，将成本直接计入当期损益

4. 完工程度的确认方法包括（   ）。
   A. 已完工作的测量   B. 已发生成本占预计总成本的份额
   C. 已提供的劳务占总劳务量的比例   D. 按照经验进行确定

5. 确认收入需满足的条件有（   ）。
   A. 商品所有权上的主要风险和报酬转移给购货方
   B. 企业既没有保留通常与所有权相联系的继续管理权，也没有对已售出的商品实施有限控制
   C. 相关的经济利益很可能流入企业
   D. 收入的金额能够可靠地计量

6. 当企业收到以收取手续费方式代销的货物时，应借记（   ），贷记（   ）。
   A. 库存商品   B. 委托代销商品   C. 应付账款   D. 委托代销商品款

7. 采用预收账款方式销售商品时的会计处理，当确认收入实现时，预收账款的对应账户有（   ）。
   A. 银行存款   B. 库存现金   C. 主营业务收入   D. 应交税费

8. 反映已经发出但尚未确认销售收入的商品成本的会计处理，涉及的会计账户有（   ）。
   A. 发出商品   B. 库存商品   C. 应交税费   D. 主营业务收入

9. 发出的商品不符合收入确认条件，但销售该商品的纳税义务已经发生，则应确认的会计处理涉及的账户有（   ）。
   A. 应收账款   B. 发出商品   C. 主营业务收入   D. 应交税费

10. 需要冲减收入的事项有（   ）。
    A. 现金折扣   B. 商业折扣   C. 销售折让   D. 销售退回

11. 企业销售原材料、包装物等存货也视同商品销售，其收入确认和计量原则比照商品销售，通过（   ）科目核算。
    A. 主营业务收入 B. 其他业务收入   C. 主营业务成本   D. 其他业务成本

12. 让渡资产使用权所产生的收入与成本，一般通过（   ）账户核算。

A. 主营业务收入　　B. 其他业务收入　　C. 主营业务成本　　D. 其他业务成本

13. 期末，结转企业对外提供劳务发生的支出，构成对应关系的账户可能有（　　）。

    A. 劳务成本　　B. 主营业务成本　　C. 其他业务成本　　D. 本年利润

14. "其他业务成本"科目核算除主营业务活动以外的其他经营活动所产生的成本，包括（　　）等。

    A. 销售材料成本　　　　　　　　B. 出租固定资产的折旧额
    C. 出租无形资产的摊销额　　　　D. 出租包装物的成本或摊销额

15. 下列属于收入的事项有（　　）。

    A. 销售完工产成品　　　　　　　B. 销售未完工的半成品
    C. 销售多余的材料　　　　　　　D. 销售多余的固定资产

三、判断题

1. 涉及现金折扣的商品销售，应将扣除现金折扣后的金额作为收入的确认金额。（　　）

2. 涉及销售折扣的商品销售，应将扣除销售折扣前的金额作为收入的确认金额。（　　）

3. 涉及销售折让的商品销售，应将预计发生的折让扣除以后作为收入的确认金额。（　　）

4. 对于已确认收入的售出商品发生退回的，应在当期冲减收入，并同时冲减成本；若存在现金折扣，还应调整财务费用金额。（　　）

5. 资产负债表日，只有当企业提供劳务交易的结果能够可靠计量时，方能够通过完工百分比法确认提供劳务收入。（　　）

6. 企业发生的经济交易既涉及销售商品又涉及提供劳务的，当两者不能单独计量时，均作为提供劳务进行会计处理。（　　）

7. 企业销售商品后，当未满足收入确认条件时，需先将库存商品转入"发出商品"科目。（　　）

8. 实现收入的同时结转成本符合会计处理中的收入费用配比原则。（　　）

9. 对于未确认收入的售出商品发生退回的，只需相应将"发出商品"转入"库存商品"即可。（　　）

10. 当企业以收取手续费方式进行商品代销时，委托方应在商品发出时确认收入。（　　）

11. 为外单位代销商品，收取的手续费收入通过"其他业务收入"科目进行核算。（　　）

12. 处置固定资产产生的收入，记入"其他业务收入"核算。（　　）

13. 判断企业是否已将商品所有权上的主要风险和报酬转移给购货方，应当关注交易的实质，不必结合所有权凭证的转移进行判断。（　　）

14. 有时，销售商品相关的已发生或将发生的成本不能够合理地估计，此时企业不应

确认收入，若已收到价款，应将已收到的价款确认为负债。（   ）
15. 当企业销售商品满足收入确认条件时，应当按照已收或应收合同或协议价款的公允价值确定销售商品收入金额。通常情况下，供货方已收或应收的合同或协议价款，即为其公允价值，应当以此确定销售商品收入的金额。（   ）

四、业务题

（一）商品销售收入练习

1. 根据合同发出商品到伏虎公司，委托迅捷公司运输，商品价税合计 34.8 万元，税率 16%，款两个月前已预收 10 万元，余款暂欠。
2. 上月售给露露公司的商品，对方因质量问题提出折让要求，经调查，同意折让 5%，计价款 2 000 元，税款 320 元，开出红字发票，折让款未付。（注：与露露公司的往来已在应收账款开设明细账）
3. 因合同违约，双倍返还定金，共支付 30 万元（注：原收取的定金记录在预收账款明细账账户）给和平公司。支付过程中产生的手续费 50 元，银行直接从账户中扣除。
4. 根据债务重组协议，以商品（成本 40 万元，平均售价 50 万元）暂时抵偿所欠红星公司债务 80 万元，协议约定，3 年内若公司获得资金投入超过 500 万元，将继续履行偿债义务。据以发出商品，并开出增值税发票，税率 16%。
5. 月初发出的商品，赫海公司认为不符合要求，全部退回，该商品成本 60 万元，合同不含税售价 100 万元，该商品已确认收入，对方已享受 2% 的现金折扣（税款不折扣）并结清款项，但尚未结转成本。经过认定，同意退货、退款并支付退货运费 900 元（现金）。
6. 甲公司向乙公司销售商品一批，开出的增值税专用发票上注明售价为 400 000 元，增值税税额为 64 000 元；甲公司收到乙公司开出的不带息银行承兑汇票一张，票面金额为 464 000 元，期限为 2 个月；该批商品已经发出，甲公司以银行存款代垫运杂费 2 000 元；该批商品成本为 320 000 元。
7. A 公司于 2018 年 7 月 3 日采用托收承付结算方式向 B 公司销售一批商品，开出的增值税专用发票上注明售价为 30 万元，增值税税额为 4.8 万元；该批商品成本为 21 万元。A 公司在销售该批商品时已得知 B 公司资金流转发生暂时困难，但为了减少存货积压，同时为了维持与 B 公司长期以来建立的商业关系，A 公司仍将商品发出，并办妥托收手续。销售该批商品的纳税义务已经发生。假定 2018 年 11 月 B 公司经营情况逐渐好转，承诺近期付款。假定 A 公司于 2018 年 11 月 11 日收到 B 公司支付的款项。
8. 甲公司为增值税一般纳税企业，2018 年 11 月 1 日销售 A 商品 10 000 件，每件商品的标价为 50 元（不含增值税），每件商品的实际成本为 30 元，A 商品适用的增值税税率为 16%，由于是成批销售，甲公司给予购货方 10% 的商业折扣，并在销售合同中规定现金折扣条件为"2/10，1/10，N/30"；A 商品于 11 月 1 日发出，符合销售实现条件，购货方于 11 月 10 日付款。假定计算现金折扣时考虑增值税。

9. 甲公司销售一批商品给乙公司，开出的增值税专用发票上注明的售价为 200 000 元，增值税税额为 32 000 元。该批商品的成本为 110 000 元。货到后乙公司发现商品质量不符合合同要求，要求在价格上给予 5% 的折让。乙公司提出的销售折让要求符合原合同的约定，甲公司同意并办妥了相关手续，开具了增值税专用发票（红字）。假定此前甲公司已确认该批商品的销售收入，销售款项尚未收到，发生的销售折让允许扣减当期增值税销项税额。

10. 甲公司委托丙公司销售商品 1 000 件，商品已经发出，每件成本为 60 元。合同约定丙公司应按每件 100 元对外销售，甲公司按售价的 10% 向丙公司支付手续费。丙公司对外实际销售 800 件，开出的增值税专用发票上注明的销售价格为 80 000 元，增值税税额为 12 800 元，款项已收到。甲公司收到丙公司开具的代销清单时，向丙公司开具一张相同金额的增值税专用发票。假定：甲公司发出商品时纳税义务尚未发生；甲公司采用实际成本核算，丙公司采用售价金额核算法。

11. 公司销售一批原材料，开出的增值税专用发票上注明的售价 70 000 元，增值税税额为 11 200 元，款项已由银行收妥。该批原材料的实际成本为 58 000 元。

12. 公司销售一批半成品，开出的增值税专用发票上注明的含税售价 13.92 万元，增值税税率 16%，以支票代垫运输费 0.88 万元（运输费税率 10%）收到银行承兑汇票 1 张，面值 14.8 万元。

（二）劳务收入练习

甲公司于 2018 年 12 月 29 日接受乙公司委托，为其培训一批生产线工人，培训期为 3 个月，2019 年 1 月 10 日开学。协议约定，乙公司应向甲公司支付的培训费总额为 63 600 元（含税，税率 6%），分三次等额支付，第一次在开学时预付，第二次在 2019 年 3 月 5 日支付，第三次在培训结束时支付。2019 年 1 月 10 日，乙公司预付第一次培训费。至 2019 年 2 月 28 日，甲公司发生培训成本 27 000 元（付现部分 30%，其余均为培训人员薪酬）。2019 年 3 月 1 日，甲公司得知乙公司经营发生困难，后两次培训费能否收回难以确定。

（三）让渡资产使用权收入

1. 甲公司向乙公司转让某软件的使用权，一次性收取使用费 63 600 元，不提供后续服务，款项已经收回。

2. 甲公司于 2018 年 1 月 1 日向丙公司转让某专利权的使用权，协议约定转让期为 5 年，每年年末收取使用费 15 万元（不含税，税率 6%）。2018 年该专利权计提的摊销额为 9 万元。

3. 甲公司向丁公司转让某商品的商标使用权，约定丁公司每年年末按年销售收入的 10% 支付使用费，使用期 10 年。第一年，丁公司实现销售收入 1 590 000 元；第二年，丁公司实现销售收入 1 908 000 元。假定甲公司均于每年年末收到使用费，商标使用权适用增值税率6%。

第十二章 费 用

一、单项选择题

1. 期间费用不包括（　　）。
    A. 销售费用　　　　B. 管理费用　　　　C. 财务费用　　　　D. 制造费用
2. 随同产品出售但不单独计价的包装物，其成本转入（　　）账户。
    A. 周转材料　　　　B. 其他业务成本　　C. 销售费用　　　　D. 主营业务成本
3. 公司财务人员的工资费用，记入（　　）账户。
    A. 销售费用　　　　B. 主营业务成本　　C. 财务费用　　　　D. 管理费用
4. 广义的费用，既包括营业成本，也包括（　　）。
    A. 期间费用　　　　B. 长期待摊费用　　C. 制造费用　　　　D. 工程费用
5. 下列不属于费用的是（　　）。
    A. 营业税金及附加
    B. 销售环节支付给代理商的费用
    C. 向所有者分配利润导致经济利益的流出
    D. 出租资产等活动中发生的经济利益的总流出
6. 张三出差回来，经过批准报销520元，同时交回多借现金80元。此项业务应记入费用的金额是（　　）。
    A. 80元　　　　　　B. 440元　　　　　C. 520元　　　　　D. 600元
7. 下列不属于销售费用的项目是（　　）。
    A. 采购人员差旅费　B. 产品广告费　　　C. 产品运输费　　　D. 出借包装物摊销
8. 预计产品质量保证损失属于（　　）。
    A. 制造费用　　　　B. 销售费用　　　　C. 管理费用　　　　D. 财务费用
9. 董事会费在（　　）科目列支。
    A. 销售费用　　　　B. 营业外支出　　　C. 财务费用　　　　D. 管理费用
10. 因采购材料借款而发生的利息支出，属于（　　）。
    A. 销售费用　　　　B. 管理费用　　　　C. 财务费用　　　　D. 材料采购
11. 商品流通企业管理费用不多的，可不设本科目，相关核算内容可并入（　　）科目核算。
    A. 主营业务成本　　B. 销售费用　　　　C. 其他业务成本　　D. 财务费用
12. 在期末结转前，出现贷方余额可能性最大的账户是（　　）。
    A. 销售费用　　　　B. 管理费用　　　　C. 财务费用　　　　D. 制造费用
13. 采用成本模式计量投资性房地产的，其投资性房地产计提的折旧额或摊销额，构成（　　）。
    A. 管理费用　　　　B. 其他业务成本　　C. 销售费用　　　　D. 主营业务成本

14. 企业在开设管理费用明细账时，有些按照项目单列，如折旧费，而更多的是合并在"其他"项目中反映，这是会计信息质量的（　　）要求。
   A. 客观性原则　　　　　　　　　B. 重要性原则
   C. 可比性原则　　　　　　　　　D. 实质重于形式原则
15. 用于核算企业因销售商品、提供劳务或让渡资产使用权等日常活动而发生的实际成本，借记（　　）科目，贷记"库存商品""劳务成本"等科目。
   A. 营业成本　　B. 其他业务成本　　C. 销售费用　　D. 主营业务成本
16. 期末，应将"营业税金及附加"账户余额转入（　　）账户，结转后本账户无余额。
   A. 主营业务收入　B. 主营业务成本　C. 本年利润　　D. 利润分配
17. 期末，若财务费用出现贷方余额，需要转入（　　）账户的贷方。
   A. 主营业务收入　B. 投资收益　　　C. 本年利润　　D. 利润分配
18. 因采购材料而签发的带息商业承兑汇票，其利息应当记入的账户是（　　）。
   A. 在途物资　　B. 原材料　　　　C. 管理费用　　D. 财务费用
19. 企业有偿让渡无形资产的使用权所产生的费用，应当记入的账户是（　　）。
   A. 营业成本　　B. 其他业务成本　C. 营业外支出　D. 主营业务成本
20. 下列账户中，期末可能存在余额的账户是（　　）。
   A. 生产成本　　B. 其他业务成本　C. 营业外支出　D. 主营业务成本

二、多项选择题

1. 期间费用包括（　　）。
   A. 销售费用　　B. 管理费用　　　C. 财务费用　　D. 制造费用
2. 营业成本包括（　　）。
   A. 主营业务成本　B. 生产成本　　C. 其他业务成本　D. 劳务成本
3. 下列不属于费用的项目是（　　）。
   A. 企业处置固定资产、无形资产等非流动资产损失
   B. 支付罚款
   C. 提前解约支付给职工的补偿款
   D. 对外捐赠
4. 下列在"管理费用"科目核算的税种是（　　）。
   A. 房产税　　　B. 车船税　　　　C. 城镇土地使用税　D. 印花税
5. 营业税金及附加是指企业经营活动应负担的税费，包括（　　）等。
   A. 城市维护建设税　B. 教育费附加　C. 资源税　　　D. 印花税
6. 下列账户中，期末一般不存在余额的账户是（　　）。
   A. 生产成本　　B. 其他业务成本　C. 劳务成本　　D. 主营业务成本
7. 其他业务成本科目核算企业确认的除主营业务活动以外的其他营业活动所发生的支出，包括（　　）等。

A. 销售材料的成本　　　　　　　　B. 出租固定资产的折旧额
C. 出租包装物的摊销额　　　　　　D. 出租无形资产的摊销额

8. 房产税、车船税、城镇土地使用税、印花税在"管理费用"科目核算，但与投资性房地产相关的（　　）在"营业税金及附加"科目核算。
   A. 房产税　　　B. 土地使用税　　　C. 增值税　　　D. 消费税

9. 下列属于销售费用的项目是（　　）。
   A. 商品维修费　　　　　　　　　B. 产品广告费
   C. 产品运输费　　　　　　　　　D. 售后服务网点办公费

10. 财务费用是指企业为筹集生产经营所需资金等而发生的筹资费用，包括（　　）等。
    A. 利息支出　　B. 汇兑损益　　C. 现金折扣　　D. 利息收入

三、判断题

1. 营业成本包括主营业务成本和其他业务成本。（　　）
2. 随同产品出售但不单独计价的包装物，其成本转入主营业务成本账户。（　　）
3. 费用是指企业在日常活动中发生的、会导致所有者权益减少的、且与向所有者分配利润有关的经济利益的总流出。（　　）
4. 期末，若财务费用出现贷方余额，则需要转入本年利润账户的借方。（　　）
5. 诉讼费在管理费用中列支，因此，因官司败诉给予对方的违约金罚款也应当列入管理费用账户核算。（　　）
6. 存款利息属于收入，因此，不应当列入"财务费用"账户核算。（　　）
7. 出借包装物摊销与出租包装物摊销在计算方法上可以相同，但费用归属账户却不同。（　　）
8. 聘请会计师事务所进行审计活动主要由财务部门经办，因此，其费用一般记入"财务费用"账户。（　　）
9. 企业生产车间（部门）和行政管理部门发生的固定资产修理费用等后续支出，作为管理费用核算。（　　）
10. 城市维护建设税均是以实际缴纳的增值税和消费税为依据，按纳税人所在地适用的不同税率计算征收一种税。（　　）

四、业务题

（一）营业成本练习

1. 某公司2019年3月末计算已销售的甲、乙、丙三种产品的实际成本，分别为10 000元、20 000元和25 000元。
2. 某专业安装公司于2019年2月10日接受一项设备安装任务，假定安装业务属于该公司的主营业务，该公司在安装完成时收到款项，增值税税率16%。合同总价款为 58 000 元，实际发生付现安装成本 36 000 元。
（1）该任务一次性完成。
（2）该安装任务须一段时间才能完成，分两次核算劳务成本，第一次发生劳务支出 20 000 元。

3. 甲公司为增值税一般纳税人，适用的增值税税率为 16%，商品销售价格不含增值税；确认销售收入时逐笔结转销售成本。2018 年 12 月份，甲公司发生如下经济业务：
（1）12 月 2 日，向乙公司销售 A 产品，销售价款为 400 万元，实际成本为 380 万元。产品已发出，款项存入银行。销售前，该产品已计提跌价准备 3 万元。
（2）12 月 8 日，收到丙公司退回的 B 产品并验收入库。当日支付退货款项并收到经税务机关出具的《开具红字增值税专用发票通知单》。该批产品系当年 8 月售出并已确认销售收入，销售价格为 300 万元，实际成本为 250 万元。
（3）12 月 10 日，与丁公司签订为期 6 个月的劳务合同，合同总价款为 530 万元（含税，税率 6%），待完工时一次性收取。至 12 月 31 日，实际发生劳务成本 120 万元（其中，付现部分 70 万元，其余均为职工薪酬），估计为完成该合同还将发生劳务成本 180 万元。假定该项劳务交易的结果能够可靠估计，甲公司按实际发生的成本占估计总成本的比例确定劳务的完工进度。
（4）12 月 31 日，将本公司生产的 C 产品作为福利发放给生产工人，市场销售价格为 30 万元，实际成本为 20 万元。
根据上述资料编制会计分录。

4. 甲公司为增值税一般纳税人，使用的增值税税率为 16%，12 月 5 日，向乙公司销售商品一批，含税价款 69.6 万元，商品实际成本 39 万元。提货单和增值税专用发票已交购货方，收到购货方开出的商业承兑汇票，承兑期 4 个月。

5. 公司销售一批原材料，开具的增值税专用发票上注明的售价为 4 万元，增值税税额为 0.64 万元，款项已由银行收妥。该批原材料的计划成本为 3 万元，材料成本差异率 −2%。

6. 甲公司将自行开发完成的非专利技术出租给另一家公司，该非专利技术研发成本为 84 万元，双方约定的租赁期限为 10 年。甲公司每月的成本摊销业务。

7. 公司销售商品领用单独计价的包装物，计划成本 5 万元，材料成本差异率 6%。

8. 公司出租一幢办公楼给乙公司使用，已确认为投资性房地产，采用成本模式进行后续计量。出租的办公楼成本为 3 600 万元，按直线法计提折旧，使用寿命为 30 年，预计净残值为零。按照合同规定，乙公司按月支付甲公司租金。甲公司计提折旧时应编制的会计分录。

（二）营业税金及附加练习

1. 公司取得应纳消费税的销售商品收入 2 000 万元，该产品适用的消费税税率为 5%。编制计算与缴纳的会计分录。

2. 公司当月实际应交增值税535万元，应交消费税115万元，城建税税率为7%，教育费附加为3%。编制与城建税、教育费附加有关的会计分录。

（三）期间费用练习

1. 公司为宣传新产品支付电视台广告费15.9万元（含税，税率6%），用银行存款支付。
2. 公司销售部8月共发生销售人员薪酬26万元，销售部专用办公设备折旧费2万元，运输费6.6万元（含税，税率10%，用银行存款支付），其他付现费用3.4万元。
3. 公司销售一批产品，销售过程中发生运输费12 000元（不含税，税率10%），款未付。装卸费2 000元，用现金支付。
4. 公司用银行存款支付所销产品保险费84 800元（税率6%）。
5. 本月应付给销售本企业商品的代理商代理费12万元。
6. 公司为拓展产品市场发生业务招待费1万元，用银行存款支付。
7. 公司就一项产品的设计方案向有关专家进行咨询，应支付咨询费6 000元，实际支付5 040元，同时代扣代缴个人所得税960。
8. 计提公司管理部门固定资产折旧12.3万元，摊销公司管理部门用无形资产成本4.7万元。
9. 接银行通知，本季度应负担的短期借款利息15万元已经从账户直接划转。企业前两个月已经预提10万元。
10. 银行通知，存款利息收入3 580元已经直接划入账户。

第十三章 利　　润

一、单项选择题

1. 甲公司于 2012 年 12 月 29 日外购一台生产用机器设备，支付对价 200 万元，取得的增值税专用发票标明增值税额 34 万元，另分别支付运费、装卸费 3 万元和 2 万元。该设备预计使用寿命为 10 年，净残值为零，甲公司采用直线法对其计提折旧。2019 年 12 月 31 日，甲公司因业务调整，将该生产设备出售，取得银行存款 70 万元（不含税）。已知甲公司并未对该机器设备计提减值准备，甲公司应确认的营业外收入为（　　）万元。
   A. 8.5　　　　　B. 10　　　　　C. 10.5　　　　　D. 15

2. 企业支付的行政罚款、违约金等应通过（　　）科目进行核算。
   A. 管理费用　　B. 营业外支出　　C. 其他业务成本　　D. 财务费用

3. 下列经济事项需通过"营业外支出"核算的是（　　）。
   A. 外购商品运输途中发生的非正常损耗
   B. 自行构建固定资产过程中发生的工程物资损失
   C. 存货盘亏由保险公司负责赔偿的部分
   D. 盘盈的固定资产

4. 8 月 3 日，出售无形资产获取对价 25 000 元（不含税），已知该无形资产原价为 100 000 元，出售时累计摊销为 80 000 元，已计提减值准备 5 000 元；8 月 20 日，乙公司财务人员因没有及时申报缴纳增值税而上交滞纳金 10 000 元。公司 8 月累计计入"营业外支出"的金额为（　　）。
   A. 0　　　　　B. 10 000 元　　　　　C. 20 000 元　　　　　D. 30 000 元

5. 确认与资产相关的政府补助，借记"银行存款"等科目，贷记（　　）科目。
   A. 主营业务收入　　B. 营业外收入　　C. 递延收益　　D. 投资收益

6. 处置固定资产发生的清理费，直接记入（　　）科目。
   A. 固定资产清理　　B. 营业外支出　　C. 其他业务成本　　D. 管理费用

7. 企业确认盘盈利得、捐赠利得时，借记"库存现金""待处理财产损益"等科目，贷记（　　）科目。
   A. 递延收益　　B. 投资收益　　C. 主营业务收入　　D. 营业外收入

8. 企业发生的非公益性捐赠，捐出本企业生产的产品，应当借记（　　）科目。
   A. 管理费用　　B. 营业外支出　　C. 销售费用　　D. 库存商品

9. 盘盈的固定资产，属于利得，一般先直接记入（　　）科目。
   A. 待处理财产损益　　　　　B. 以前年度损益调整
   C. 主营业务收入　　　　　　D. 营业外收入

10. 企业发生的职工教育经费支出，不超过工资、薪金总额的（　　）部分准予扣除，超过部分准予结转以后纳税年度扣除。
　　A. 1.5%　　　　B. 2.5%　　　　C. 5%　　　　D. 7%

二、多项选择题

1. 影响企业利润总额和营业利润之间差额的有（　　）。
　　A. 营业外收入　　B. 投资收益　　C. 财务费用　　D. 营业外支出
2. 下列各项经济事项中，需计入"营业外收入"的有（　　）。
　　A. 处置无形资产利得　　　　　B. 处置固定资产利得
　　C. 出售原材料所得　　　　　　D. 存货期末盘盈
3. 企业获得与资产有关的政府补助后，可能涉及的会计科目有（　　）。
　　A. 银行存款　　B. 营业外收入　　C. 递延收益　　D. 其他综合收益
4. 税法规定中，企业的职工福利费不超过工资、薪金总额的（　　）部分准予扣除；工会经费不超过工资、薪金总额的（　　）部分准予扣除；职工教育经费不超过工资、薪金总额的（　　）部分准予扣除，超过部分待结转以后纳税年度扣除。
　　A. 2%　　　　B. 2.5%　　　　C. 10%　　　　D. 14%
5. 营业外支出是指企业发生的与其日常活动无直接关系的各项损失，主要包括（　　）等。
　　A. 非流动资产处置损失　　　　B. 公益性捐赠支出
　　C. 非货币性资产交换损失　　　D. 债务重组损失
6. 下列项目中，属于纳税调整增加额的有（　　）。
　　A. 企业已计入当期费用但超过税法规定扣除标准的业务招待费
　　B. 企业已计入当期损失但税法规定不允许扣除项目的金额
　　C. 购买国债支出
　　D. 企业已计入当期费用但超过税法规定扣除标准的公益性捐赠支出
7. 下列项目中，属于纳税调整减少的有（　　）。
　　A. 五年内未弥补亏损　　　　　B. 全部捐赠支出
　　C. 国债利息收入　　　　　　　D. 股份公司分红所得现金股利
8. 影响会计"所得税费用"科目金额的项目有（　　）。
　　A. 当期所得税　　B. 递延所得税负债　　C. 递延收益　　D. 递延所得税资产
9. 会计期末结转本年利润的方法有（　　）两种。
　　A. 表结法　　　B. 账结法　　　C. 月结法　　　D. 季结法
10. 下列对营业利润不产生直接影响的项目有（　　）。
　　A. 公允价值变动损益　　　　　B. 所得税费用
　　C. 财务费用　　　　　　　　　D. 营业外支出

三、判断题

1. 收入和利得的本质区别在于是否形成于企业的日常生产经营活动，费用和损失的区别亦同此理。（   ）
2. 综合收益仅指其他综合收益。（   ）
3. 收入费用配比原则不适用于企业的利得流入。（   ）
4. 企业获得的捐赠直接计入"本年利润"。（   ）
5. 期末应将"营业外收入"金额转入"本年利润"科目，"营业外收入"期末无余额。（   ）
6. 递延所得税形成的根本原因在于会计准则和税法规定对特定经济业务或事项的处理不同，以及会计人员工作方法失误。（   ）
7. 应交所得税是企业按照税法规定计算确定的。（   ）
8. 税法规定短期国债利息收入不得免交所得税。（   ）
9. 企业取得与资产相关的政府补助，不能全额确认为当期收益，应当随着相关资产的使用逐渐计入以后各期的收益。（   ）
10. 计算确定的当期所得税和递延所得税之和，即为应从当期利润总额中扣除的所得税费用。（   ）

四、业务题

1. 企业将固定资产报废清理的净收益 6 300 元转作营业外收入。
2. 2016 年 1 月 1 日，财政局拨付某企业 3 000 000 元补助款（同时到账），用于购买环保设备 1 台，并规定若有结余，留存企业自行支配。2016 年 2 月 28 日，该企业购入不需要安装环保设备 1 台，直接交付给生产车间使用。购置设备不含税价格为 2 580 000 元，税率 16%，使用寿命为 5 年。因使用不当，2019 年 2 月 28 日，该企业报废了这台设备。

   要求：分以下时段编制会计分录。

   （1）2016 年 1 月 1 日收到财政拨款，确认政府补助。
   （2）2016 年 2 月 28 日购入设备。
   （3）在该项固定资产使用期间按直线法计提折旧。
   （4）2019 年 2 月 28 日报废该设备。

3. 绿耀农业公司为一家农业产业化龙头企业，享受银行贷款月利率0.6%的地方财政贴息补助，2019 年 1 月，从国家农业发展银行获 3 年期贷款 2 000 万元，同时收到财政部门拨付的一季度贴息款 360 000 元。分别编制以下时段的会计分录。

   （1）1 月，实际收到财政贴息是（   ）。
   （2）1—3 月每月末

4. 公司将一项非专利技术出售，该无形资产账面价值 82 万元，其中，已累计摊销 30 万元，已提减值准备 14 万元，出售时取得价款 74.2 万元（含税，增值税率

6%），款项已收入银行账户。
5. 企业发生原材料意外灾害损失 150 000 元，经批准全部转作营业外支出，增值税率为 16%。
6. 企业用银行存款支付税款滞纳金 12 000 元。
7. 甲公司 2018 年按企业会计准则计算的税前会计利润为 2 390 万元，所得税税率为 25%。甲公司全年应发工资、薪金为 450 万元，实际开支职工福利费 65 万元，工会经费 12 万元，职工教育经费 10.5 万元；当年营业外支出中有 7.3 万元为税收滞纳罚金；当年投资收益中含有国库券利息收入 2.3 万元。甲公司递延所得税负债年初数为 48.5 万元，年末数为 50 万元，递延所得税资产年初数为 25 万元，年末数为 27 万元。

（提示：税法规定，企业发生的合理的工资、薪金支出准予据实扣除；企业发生的职工福利费支出，不超过工资、薪金总额 14% 的部分准予扣除；企业拨缴的工会经费，不超过工资、薪金总额 2% 的部分准予扣除；除国务院财政、税务主管部门另有规定外，企业发生的职工教育经费支出，不超过工资、薪金总额 2.5% 的部分准予扣除，超过部分准予结转以后纳税年度扣除。）
8. 乙公司 2018 年有关损益类科目的年末余额如下所示（该企业采用表结法年末一次结转损益类科目，所得税税率为 25%）：

单位：元

科目名称	借或贷	结账前余额
主营业务收入	贷	6 080 000
其他业务收入	贷	705 000
公允价值变动损益	贷	155 000
投资收益	贷	610 000
营业外收入	贷	50 000
主营业务成本	借	4 050 000
其他业务成本	借	402 000
营业税金及附加	借	78 000
销售费用	借	510 000
管理费用	借	790 000
财务费用	借	210 000
资产减值损失	借	100 000
营业外支出	借	260 000

2017 年度发生亏损 70 万元待弥补。

要求：

（1）结转各损益类账户余额。

(2）计算并结转所得税费用。

(3）结转本年利润。

9. 江南股份有限公司2016年"未分配利润"年初贷方余额300万元，每年按10%提取法定盈余公积，5%提取任意盈余公积，所得税税率为25%。2016年至2018年的有关资料如下：

(1）2016年实现净利润1 000万元，提取盈余公积后，宣告派发现金股利300万元。

(2）2017年发生亏损600万元。

(3）2018年实现利润总额900万元。（弥补上年亏损后计缴所得税、税后仍按10%提取法定盈余公积，不分红）

要求：

(1）编制2016年有关利润分配的会计分录（写明细科目）。

(2）编制2017年结转亏损的会计分录。

(3）计算2018年应交的所得税。

(4）编制2018年有关利润分配的会计分录（写明细科目），计算2018年"利润分配——未分配利润"的余额。

第十四章 财务报告

一、单项选择题

1. 在财务报表编制过程中，（   ）是判断项目是否单独列报的重要标准。
   A. 相关性   B. 及时性   C. 重要性   D. 可理解性
2. 在填制资产负债表"期末余额"时，根据总账科目余额计算填列的是（   ）。
   A. 长期借款   B. 应付职工薪酬   C. 开发支出   D. 货币资金
3. 反映企业在一定会计期间经营成果的是（   ）。
   A. 现金流量表   B. 资产负债表
   C. 利润表   D. 所有者权益变动表
4. 资产负债表分别列示"期末余额"和"年初余额"符合会计信息质量的（   ）要求。
   A. 重要性   B. 可比性   C. 相关性   D. 可理解性
5. 企业偿还应付账款的行为属于（   ）活动。
   A. 经营   B. 投资   C. 筹资   D. 分配
6. 下列经济事项能够使企业经营活动现金流发生变化的是（   ）。
   A. 购买工程物资   B. 赊销商品   C. 发放现金股利   D. 缴纳消费税
7. 资产负债表中"未分配利润"项目填制的依据是（   ）。
   A. "利润分配"科目余额   B. "本年利润"科目余额
   C. "盈余公积"科目余额   D. "本年利润"和"利润分配"余额
8. 公司2018年12月31日固定资产账户余额为3 000万元，累计折旧账户余额为900万元，固定资产减值准备账户余额300万元，在建工程账户余额100万元，则公司2018年12月31日资产负债表中固定资产列报金额为（   ）万元。
   A. 2 100   B. 1 800   C. 1 900   D. 3 000
9. 下列经济业务产生的现金流量中，属于"投资活动产生的现金流量"的是（   ）。
   A. 支付融资租赁费用产生的现金流量   B. 收到的税费返还
   C. 销售商品、提供劳务收到的现金   D. 支付银行借款利息产生的现金流量
10. 下列经济业务产生的现金流量中，属于"筹资活动产生的现金流量"的是（   ）。
    A. 支付融资租赁费用产生的现金流量   B. 收到的税费返还
    C. 取得债券利息收入产生的现金流量   D. 支付银行借款利息产生的现金流量
11. 下列不影响营业利润的项目是（   ）。
    A. 主营业务收入   B. 投资收益   C. 其他业务收入   D. 营业外收入

12. 资产负债表中"货币资金"项目的列示同下列（ ）科目无关。
    A. 库存现金　　B. 银行存款　　C. 应收账款　　D. 其他货币资金
13. 某企业于2011年1月19日外购一项无形资产，实际成本为2 000万元，摊销年限为10年，预计净残值为零。2017年12月31日，该无形资产发生减值，可回收金额为300万元，其摊销年限保持不变。2018年12月31日资产负债表中"无形资产"的列报金额为（ ）万元。
    A. 200　　B. 300　　C. 400　　D. 600
14. 下列不影响净利润的项目是（ ）。
    A. 营业外支出　　B. 所得税费用　　C. 其他综合收益　　D. 营业外收入
15. 在填报资产负债表的"存货"项目时，不会涉及的会计科目是（ ）。
    A. 原材料　　B. 库存商品　　C. 委托加工物资　　D. 工程物资

二、多项选择题

1. 通常而言，年度财务报表的组成部分有（ ）。
    A. 资产负债表　　　　　　　　B. 利润表
    C. 现金流量表　　　　　　　　D. 所有者权益变动表
2. 从提供信息角度而言，财务报告主要反映企业的（ ）。
    A. 财务状况　　B. 经营成果　　C. 现金流量　　D. 管理层结构
3. 属于中期财务报告组成部分的报表有（ ）。
    A. 资产负债表　　　　　　　　B. 利润表
    C. 现金流量表　　　　　　　　D. 所有者权益变动表
4. 填制资产负债表"期末余额"常用的方法有（ ）。
    A. 相关科目减去备抵科目后的净额　　B. 明细账科目余额计算
    C. 总账和明细账科目余额分析计算　　D. 总账科目余额
5. 下列各项，直接影响利润表"营业利润"项目金额的有（ ）。
    A. 资产减值损失　　B. 营业外收入　　C. 制造费用　　D. 投资收益
6. 下列包括在利润表中"营业收入"的有（ ）。
    A. 主营业务收入　　B. 营业外收入　　C. 其他业务收入　　D. 投资收益
7. 下列各项，影响"利润总额"金额的有（ ）。
    A. 资产减值损失　　B. 营业外收入　　C. 其他综合收益　　D. 投资收益
8. 企业产生的现金流量通常分为（ ）。
    A. 经营活动产生的现金流量　　　　B. 筹资活动产生的现金流量
    C. 投资活动产生的现金流量　　　　D. 发放股利产生的现金流量
9. 资产负债表的结构形式有（ ）两种。
    A. 单步式　　B. 多步式　　C. 账户式　　D. 报告式
10. 采用间接法将净利润调整为经营活动的现金流量需要调整的项目包括（ ）。
    A. 实际没有支付现金的费用　　　　B. 实际没有收到现金的收益

C. 不属于经营活动的损益　　　　D. 经营性应收应付的增减变动

三、判断题

1. 个别财务报表同合并财务报表的划分依据是报表编制期间，而月报、季报、年报的划分依据是报表编制主体。（　　）
2. 企业若采用了不恰当的会计政策，可在附注中进行披露以予以更正。（　　）
3. 通常来讲，企业财务报表的编制是以企业持续经营为基础的。（　　）
4. 企业在编制财务报表时，功能或性质类似的项目可以进行合并列报。（　　）
5. 资产项目以扣除减值准备后的净额予以列报属于抵消列报的情况。（　　）
6. 资产负债表的右半部分是对企业筹资活动的反映。（　　）
7. 企业应在财务报表附注中披露以间接法填制的现金流量表。（　　）
8. "长期应付款"项目，应当根据"长期应付款"总账科目余额减去"未确认融资费用"总账科目余额填列。（　　）
9. 营业收入减去营业成本、营业税金及附加后即为营业利润。（　　）
10. 营业收入包括主营业务收入和其他业务收入两部分。（　　）
11. 筹资活动包括发行股票或接受资本投入、分派现金股利、取得和偿还银行借款、偿还公司债券等。（　　）
12. 现金等价物指企业持有的期限短、流动性强、易于转换为已知金额现金、价值变动风险很小的投资。期限短，一般指从购买日期六个月内到期。（　　）
13. 利润表中各项目主要根据各损益类科目的发生额分析填列。（　　）
14. 经营活动指的是企业投资活动和筹资活动以外的所有交易和事项。（　　）
15. "应付账款"项目应根据"应付账款""预收账款"等科目所属明细科目的期末贷方余额合计填列。（　　）

四、业务题

（一）利润表的计算与填制

1. 莱卡公司执行25%的所得税税率，公司损益类账户2018年1—11月累计发生额和12月的发生额如下：

账户名称	12月（元）		1—11月累计（元）	
	借方	贷方	借方	贷方
主营业务收入		318 000		5 000 000
主营业务成本	252 500		2 800 000	
销售费用	2 600		10 000	
营业税金及附加	1 000		29 000	

续上表

账户名称	12月（元）		1—11月累计（元）	
	借方	贷方	借方	贷方
其他业务成本	7 500		32 500	
营业外支出	2 000		11 000	
财务费用	3 000		30 000	
管理费用	4 400		50 000	
其他业务收入		9 500		45 000
营业外收入		3 000		
投资收益		20 000		

试据此计算填列莱卡公司2018年度利润表的下列项目金额：

（1）营业收入（　　　）元。

（2）营业成本（　　　）元。

（3）营业利润（　　　）元。

（4）利润总额（　　　）元。

（5）所得税费用（　　　）元。

（6）净利润（　　　）元。

2. 江南公司2018年11月份损益类账户余额见下表：

账户名称	结转前余额	
	借	贷
主营业务收入		600万元
主营业务成本	290万元	
其他业务收入		300万元
其他业务成本	100万元	
管理费用	250万元	
销售费用	120万元	
财务费用		20万元
投资收益		1 000万元
营业税金及附加	40万元	
资产减值损失	80万元	
公允价值变动损益		230万元
所得税费用	90万元	
营业外收入		30万元
营业外支出	140万元	

要求：根据上述账户余额，填制公司当月利润表。（格式如下）

利润表

编制单位：江南公司　　　　　　2018年度11月　　　　　　　　　　　　　单位：万元

项　目	本期金额	上期金额
一、营业收入		（略）
减：营业成本		
营业税金及附加		
销售费用		
管理费用		
财务费用		
资产减值损失		
加：公允价值变动收益（损失以"－"号填列）		
投资收益（损失以"－"号填列）		
其中：对联营企业和合营企业的投资收益		
二、营业利润（亏损以"－"填列）		
加：营业外收入		
减：营业外支出		
其中：非流动资产处置损失		
三、利润总额（亏损以"－"填列）		
减：所得税费用		
四、净利润（净亏损以"－"填列）		
五、每股收益	（略）	
（一）基本每股收益		
（二）稀释每股收益		

3. 江北公司对损益类账户采用表结法，2018年12月31日结转前各损益类账户余额如下（所得税率为25%）：

单位：元

账　户	借方余额（元）	贷方余额（元）
主营业务收入		6 500 000
其他业务收入		80 500
投资收益		35 000
营业外收入		12 500

续上表

账　户	借方余额（元）	贷方余额（元）
主营业务成本	3 890 000	
营业税金及附加	20 100	
销售费用	680 000	
管理费用	760 000	
财务费用	26 000	
其他业务成本	60 900	
营业外支出	12 000	

要求：根据上述资料计算所得税费用并编制利润表。

利润表

编制单位：江北公司　　　　　　2018年12月31日　　　　　　金额单位：元

项　目	本期金额	上期金额
一、营业收入		（略）
减：营业成本		
营业税金及附加		
销售费用		
管理费用		
财务费用		
资产减值损失		
加：公允价值变动收益（损失以"-"号填列）		
投资收益（损失以"-"号填列）		
其中：对联营企业和合营企业的投资收益		
二、营业利润（损失以"-"号填列）		
加：营业外收入		
其中：非流动资产处置损失		
减：营业外支出		
三、利润总额（损失以"-"号填列）		
减：所得税费用		
四、净利润（损失以"-"号填列）		
五、每股收益：		
（一）基本每股收益		
（二）稀释每股收益		

（二）资产负债表的编制

1. 塔斯肯公司 2018 年 10 月的试算平衡表如下：

会计科目	本期发生额 借方	本期发生额 贷方	期末余额 借方	期末余额 贷方
库存现金	200	280	450	
银行存款	214 500	256 000	61 200	
应收账款	40 000	35 000	23 500	
坏账准备		1 175		1 500
原材料	55 000	37 000	43 000	
库存商品	88 055	35 000	58 000	
材料成本差异	1 000	2 000		2 000
存货跌价准备				1 000
固定资产	180 000		479 000	
累计折旧		3 000		4 000
固定资产清理		5 000		5 000
短期借款		20 000		20 000
应付账款	23 800	48 000		22 000
预收账款	5 500	14 000		5 000
长期借款		100 000		100 000
实收资本				450 000
盈余公积		1 600		4 650
本年利润	40 000	90 000		50 000
合计	648 055	648 055	665 150	665 150

补充资料：

(1) 长期借款有将于 9 个月后到期归还的借款金额 50 000 元。

(2) 应收账款有关明细账期末余额情况为：A 公司 贷方余额 6 500 元；B 公司 借方余额 30 000 元。

(3) 应付账款有关明细账期末余额情况为：C 公司 贷方余额 29 500 元；D 公司 借方余额 7 500 元。

(4) 预收账款有关明细账期末余额情况为：E 公司 贷方余额 5 000 元；

要求：请根据上述资料，计算塔斯肯公司 2018 年 10 月 30 日资产负债表中下列报表项目的期末数。

（1）货币资金（　　）元。
（2）应收账款（　　）元。
（3）预付款项（　　）元。
（4）存货（　　）元。
（5）流动资产合计（　　）元。
（6）固定资产（　　）元。
（7）非流动资产合计（　　）元。
（8）资产合计（　　）元。
（9）应付账款（　　）元。
（10）预收款项（　　）元。
（11）流动负债合计（　　）元。
（12）长期借款（　　）元。
（13）负债合计（　　）元。
（14）所有者权益合计（　　）元。
（15）负债及所有者权益合计（　　）元。

2. 爱可登公司2018年12月初有关账户余额如下：

金额单位：元

账户名称	借方余额	账户名称	贷方余额
库存现金	1 000	累计折旧	43 000
银行存款	70 000	应付账款	80 000
应收账款	58 000	应交税费	16 000
库存商品	108 000	短期借款	27 000
固定资产	459 000	实收资本	600 000
长期股权投资	87 000	本年利润	17 000
合计	783 000	合计	783 000

爱可登公司12月份发生以下业务：

（1）提取现金500元备用。
（2）采购商品一批，增值税专用发票列示的价款10 000元，增值税1 600元，货已入库，款未付。
（3）销售商品1 000件，每件售价100元，每件成本50元。增值税税率16%，款项已收回，存入银行。
（4）从银行存款账户中归还短期借款17 000元以及本月借款利息180元。
（5）收到其他单位所欠货款30 000元，存入银行。

要求：请根据上述资料，计算华天公司2008年12月31日资产负债表中下列报表项目的期末数。

(1) 货币资金（   ）元。
(2) 应收账款（   ）元。
(3) 存货（   ）元。
(4) 流动资产合计（   ）元。
(5) 固定资产（   ）元。
(6) 长期股权投资（   ）元。
(7) 非流动资产合计（   ）元。
(8) 资产合计（   ）元。
(9) 应付账款（   ）元。
(10) 短期借款（   ）元。
(11) 应交税费（   ）元。
(12) 负债合计（   ）元。
(13) 未分配利润（   ）元。
(14) 所有者权益合计（   ）元。
(15) 负债及所有者权益合计（   ）元。

3. 永明公司 2018 年 9 月 1 日有关账户余额资料见下表：

账户名称	借方（元）	贷方（元）
库存现金	400	
银行存款	68 000	
应收账款	50 000	
原材料	62 000	
库存商品	41 000	
其他应收款	8 000	
固定资产	550 000	
累计折旧		60 000
短期借款		40 000
应付账款		25 000
应交税费		5 800
预收账款		6 350
实收资本		600 000
盈余公积		20 000
本年利润		22 250
合计	779 400	779 400

该企业 9 月份发生如下经济业务：
(1) 2 日，以银行存款交纳上月应交税金 5 800 元。
(2) 4 日，购入材料 20 000 元（不含税，税率 16%），税款 3 200 元，款未支付。
(3) 5 日，以现金支付上项材料运杂费 180 元。
(4) 7 日，以银行存款支付上项材料货、税款 23 200 元。
(5) 7 日，上项材料验收入库。
(6) 8 日，领用材料一批，其中直接用于产品生产 28 800 元，车间一般耗用 1 200 元。
(7) 9 日，从银行提取现金 12 000 元，以备发职工工资。
(8) 10 日，以现金 12 000 元支付职工工资。
(9) 11 日，以银行存款支付管理部门办公费 2 200 元，车间办公费 7 800 元。
(10) 13 日，销售产品一批，价款 78 000 元，税款 13 260 元，均已存入银行。
(11) 18 日，收到红星公司前欠货款 32 000 元并已存入银行。
(12) 22 日，计算本月应付工资，其中生产工人工资 10 000 元，厂部管理人员工资 2 000 元。
(13) 30 日，以银行存款支付本月应负担的管理费用 800 元。
(14) 30 日，以银行存款支付本月银行借款利息 1 600 元。
(15) 30 日，结转本月制造费用 9 000 元。
(16) 30 日，结转本月完工产品生产成本 47 800 元。
(17) 30 日，结转本月已销售产品成本 42 000 元。
(18) 30 日，以银行存款上交本月营业税金及附加 6 500 元。
(19) 30 日，结转本月损益。
(20) 30 日，计算并结转本月所得税 7 557 元。

要求：
(1) 根据上述资料编制会计分录。
(2) 计算填列账户余额表。

2018 年 9 月 30 日账户余额表

单位：元

账户名称	借方	贷方
库存现金		
银行存款		
应收账款		
原材料		
库存商品		

续上表

账户名称	借方	贷方
其他应收款		
固定资产		
累计折旧		
短期借款		
应付账款		
应交税费		
预收账款		
实收资本		
盈余公积		
本年利润		
合计		

（3）编制资产负债表。

资产负债表

编制单位：永明公司　　　　　2018 年 9 月 30 日　　　　　　　　　　单位：元

资　产	年初数	期末数	负债及所有者权益	年初数	期末数
流动资产：			流动负债：		
货币资金			短期借款		
交易性金融资产			交易性金融负债		
应收票据			应付票据		
应收账款			应付账款		
预付账款			预收账款		
应收股利			其他应付款		
应收利息			应付职工薪酬		
其他应收款			应交税费		
存货			应付利息		
一年内到期的非流动资产			应付股利		
其他流动资产			其他应付款		

续上表

资　　产	年初数	期末数	负债及所有者权益	年初数	期末数
流动资产合计			一年内到期的非流动负债		
非流动资产：			其他流动负债		
可供出售金融资产					
持有至到期投资			流动负债合计		
长期股权投资			非流动负债：		
长期应收款			长期借款		
投资性房地产			应付债券		
固定资产			专项应付款		
在建工程			长期应付款		
固定资产清理			预计负债		
生产性生物资产			递延所得税负债		
油气资产			其他非流动负债		
无形资产			非流动负债合计		
开发支出					
商誉					
长期待摊费用			负债合计		
递延所得税资产			所有者权益：		
其他非流动资产			实收资本		
非流动资产合计			资本公积		
			减：库存投		
			盈余公积		
			未分配利润		
			所有者权益合计		
资产总计			负债及所有者权益总计		

模拟测试一

一、单项选择题（每题1分，共20分）

1. 商业承兑汇票是由收款人或付款人签发，并由（ ）承兑的票据。
   A. 付款人   B. 收款人   C. 银行   D. 付款人或银行

2. 强调同一企业各个会计期间提供的会计信息应当采用一致的会计政策，不得随意变更，这体现了会计核算质量要求中的（ ）。
   A. 可靠性   B. 相关性   C. 可比性   D. 谨慎性

3. 下列各项中，不属于会计计量属性的是（ ）。
   A. 重置成本   B. 历史成本   C. 未来成本   D. 可变现净值

4. 企业的工资奖金等现金的支取，只能通过（ ）办理。
   A. 基本存款账户 B. 一般存款账户 C. 临时存款账户 D. 专用存款账户

5. 由企业非日常活动所形成的、会导致所有者权益减少的、与向所有者分配利润无关的经济利益的流出被称为（ ）。
   A. 收入   B. 利得   C. 费用   D. 损失

6. 银行本票的付款期限为自出票日起最长不超过（ ）个月。
   A. 1   B. 2   C. 6   D. 9

7. 下列各项通过其他应收款科目核算的是（ ）。
   A. 应收的货款   B. 预付的货款   C. 暂付的押金   D. 收取的押金

8. 企业以每股3.60元的价格购入G公司股票20 000股作为交易性金融资产，并支付交易税费300元。股票的买价中包括了每股0.20元已宣告但尚未派发的现金股利。该交易性金融资产的初始入账金额为（ ）元。
   A. 68 000   B. 68 300   C. 72 000   D. 72 300

9. 商业承兑汇票到期，如果债务人无力支付票款，债权人应将应收票据的账面余额转入（ ）。
   A. 应收账款   B. 其他应收款   C. 预收账款   D. 预付账款

10. 随同产品出售而不单独计价的包装物，其成本应列入（ ）。
    A. 销售费用   B. 生产成本   C. 其他业务成本 D. 主营业务成本

11. 出借包装物发生的包装物摊销费，应列入（ ）。
    A. 管理费用   B. 销售费用   C. 主营业务成本 D. 其他业务成本

12. 甲公司应收账款年末余额为800 000元，坏账比率1%，计提坏账准备前，"坏账准备"科目有贷方余额2 000元。甲公司当年计提坏账准备后，应收账款账面价值为（ ）元。
    A. 800 000   B. 798 000   C. 794 000   D. 792 000

13. 在下列情况下的长期股权投投资中，应当采用权益法核算的是（ ）。
    A. 具有控制或共同控制   B. 具有控制或重大影响
    C. 具有共同控制或重大影响   D. 具有控制
14. 不会影响固定资产折旧计算的因素是（ ）。
    A. 固定资产原始价值   B. 固定资产预计净残值
    C. 固定资产的性能   D. 固定资产预计使用年限
15. 当采用权益法核算长期股权投资时，被投资单位发生亏损，投资企业按应分担的份额（ ）。
    A. 减少长期股权投资账面价值 B. 冲减应收股息
    C. 冲减资本公积   D. 计入营业外支出
16. 2017年1月1日，企业支付9 800元的价款购入当日发行的面值为10 000元，期限5年，票面利率5%，每年年末付息一次的债券作为持有至到期投资。假定取得债券时的实际利率为6%，2017年12月31日，该企业确认的利息收入为（ ）元。
    A. 485   B. 588   C. 500   D. 600
17. 企业购入需要安装的固定资产发生的安装费用应记入（ ）账户。
    A. 固定资产   B. 长期待摊费用   C. 管理费用   D. 在建工程
18. 2016年12月31日，某公司购入一台设备并投入使用，其成本为26万元，预计使用年限为6年，预计净残值2万元，采用直线法计提折旧。假定不考虑其他因素，2017年度该设备应计提的折旧为（ ）万元。
    A. 2.8   B. 3   C. 3.2   D. 4
19. 某企业出售一台设备，原价120万元，已提折旧30万元，支付清理费用2万元，出售所得价款116万元（含增值税16万元），该设备出售净收益为（ ）万元。
    A. 10   B. 8   C. 27   D. 25
20. 盘盈的固定资产，应借记"固定资产"账户，贷记（ ）账户。
    A. 待处理财产损益   B. 以前年度损益调整
    C. 其他应付款   D. 营业外收入

二、多项选择题（多选、漏选、错选均不得分。每题2分，共20分）

1. 反映经营成果的会计要素有（ ）。
   A. 资产   B. 负债   C. 收入   D. 费用   E. 利润
2. 下列属于金融资产的有（ ）。
   A. 存货   B. 交易性金融资产   C. 固定资产   D. 应收款项
3. 所有者权益的来源包括（ ）。
   A. 所有者投入的资本   B. 直接计入所有者权益的利得
   C. 直接计入所有者权益的损失   D. 盈余公积和未分配利润

4. 下列银行转账结算方式中，可以用于异地结算的有（　　）。
   A. 支票　　　　　B. 银行本票　　　C. 银行汇票　　　D. 委托收款
5. 下列各项中，应在"坏账准备"账户中贷方反映的有（　　）。
   A. 提取的坏账准备　　　　　　　B. 已发生的坏账损失
   C. 收回以前已确认并转销的坏账　D. 冲销多提的坏账准备
6. 材料按实际成本法核算时，购进材料的核算需要设置的账户有（　　）。
   A. 在途物资　　B. 原材料　　　C. 材料采购　　　D. 材料成本差异
7. 委托外单位加工的存货的实际成本包括（　　）。
   A. 加工中耗用的存货的实际成本　B. 支付的加工费
   C. 支付的往返运杂费　　　　　　D. 加工中的税金
8. 下列项目中，属于其他货币资金的有（　　）。
   A. 银行汇票存款　　　　　　　　B. 信用证保证金存款
   C. 信用卡存款　　　　　　　　　D. 外埠存款
9. 长期股权投资后续计量的方法有（　　）。
   A. 成本法　　　B. 损益调整法　　C. 权益法　　　D. 实际成本法
10. 下列属于固定资产折旧的计算方法有（　　）。
    A. 平均年限法　B. 工作量法　　　C. 双倍余额递减法　D. 年数总和法

三、判断题（对的打"√"，错的打"×"。每题1分，共10分）

1. 可变现净值是对未来现金流量以适当的折现率进行折现后的价值，是考虑了货币时间价值的一种计量属性。（　　）
2. 谨慎性要求企业对交易或者事项进行会计确认、计量和报告时应当保持应有的谨慎，不应高估资产或者收益，但可低估负债或者费用。（　　）
3. 企业取得交易性金融资产时支付的交易费用，应当计入交易性金融资产的初始入账金额。（　　）
4. 存货采用计划成本法核算，计划成本高于实际成本的差异，称为超支差异。（　　）
5. 对于发生减值已经提取跌价准备的存货，在以后的会计期间，影响跌价的因素消失，存货的价值又得以回升时，不得转回已提取的跌价准备。（　　）
6. 权益法下，被投资单位盈利时，投资企业按照享有的份额，借记"长期股权投资—损益调整"账户，贷记"投资收益"账户。（　　）
7. 无论企业对存货采用实际成本法核算，还是采用计划成本法核算，资产负债表中的存货项目均反映实际成本。（　　）
8. 企业在计提固定资产折旧时，当月增加的固定资产当月计提折旧，当月减少的固定资产当月不计提折旧。（　　）
9. 固定资产减值损失一经确认，在以后会计期间不得转回。（　　）
10. 固定资产折旧方法的选择只会影响资产负债表中的资产总额，不会影响利润表中

的利润总额。（　　）

四、综合题（第1题15分，第2题12分，第3题11分，第4题12分，共50分）

1. 甲公司对应收账款按5%提取坏账准备，2018年年末其应收账款余额为60万元，坏账准备账户期初余额为0。2019年3月甲公司的一笔应收账款50 000元，无法收回，确认为坏账。2019年8月收回一笔已转销的坏账20 000元，存入银行，2019年末甲公司应收账款的余额为80万元。
   要求：编制甲公司2018年至2019年坏账准备的相关会计分录。（15分）

2. 东风公司的存货采用计划成本法核算。某月20日，购进一批原材料，增值税专用发票上列明的材料价款为60 000元，增值税税额为9 600元。货款已通过银行转账支付，材料也已验收入库。
   要求：编制东风公司购进原材料的下列会计分录。（12分）
   （1）购进材料，支付货款。
   （2）材料验收入库。
   ①假定材料的计划成本为58 000元。
   ②假定材料的计划成本为61 000元。

3. 甲公司和宏盛公司同为信义集团的子公司，甲公司2018—2019年有关长期股权投资的资料如下：
   （1）2018年4月1日，甲公司以银行存款1 600万元从宏盛公司取得其子公司A公司60%的普通股权。合并日，A公司的账面所有者权益总额为3 000万元，可辨认净资产公允价值为3 200万元。在企业合并过程中，甲公司支付相关法律费用20万元。
   （2）2018年度，A公司实现净利润600万元。
   （3）2019年4月25日，A公司宣告分派现金股利300万元。
   （4）2019年5月20日，甲公司收到分派的股利。
   　　要求：编制上述业务甲公司的会计分录。（11分）

4. 甲公司于2017年12月投入使用一台固定资产，价值600万元，预计使用年限5年，预计净残值15万元，分别用双倍余额递减法和年数总和法计算2018年、2019年的折旧额。（12分）

模拟测试二

一、单项选择题（每题1分，共20分）

1. 会计信息的内部使用者是（ ）。
   A. 股东　　　　　B. 首席执行官　　　C. 供应商　　　　D. 政府机关
2. 下列业务中不包括在现金适用范围内的业务是（ ）。
   A. 支付职工福利费　　　　　　　　B. 结算起点以下的零星支出
   C. 向个人收购农副产品　　　　　　D. 支付银行借款利息
3. 在企业开立的诸多账户中，可以办理提取现金以发放工资的账户是（ ）。
   A. 专用存款账户　B. 一般存款账户　C. 临时存款账户　D. 基本存款账户
4. 随同商品出售并单独计价的包装物，其成本应计入（ ）。
   A. 生产成本　　　B. 制造费用　　　C. 销售费用　　　D. 其他业务成本
5. 企业购进存货支付的运杂费，应计入（ ）。
   A. 销售费用　　　B. 管理费用　　　C. 其他业务成本　D. 存货成本
6. 支票的有效期为（ ）天。
   A. 5　　　　　　　B. 10　　　　　　C. 15　　　　　　D. 20
7. 根据我国《企业会计准则》的规定，企业购货时取得的现金折扣，应当（ ）。
   A. 冲减购货成本　　　　　　　　　B. 冲减管理费用
   C. 冲减财务费用　　　　　　　　　D. 冲减资产减值损失
8. 企业贴现票据获得的贴现收入与所贴现票据账面价值的差额，应计入（ ）。
   A. 销售费用　　　B. 管理费用　　　C. 财务费用　　　D. 营业外支出
9. 交易性金融资产与可供出售金融资产最根本的区别是（ ）。
   A. 持有时间不同　B. 投资对象不同　C. 投资目的不同　D. 计量基础不同
10. 商业承兑汇票到期，如果债务人无力支付票款，债权人应将应收票据的账面余额转入（ ）。
    A. 应收账款　　　B. 其他应收款　　C. 预收账款　　　D. 预付账款
11. 甲公司应收账款年末余额为800 000元，坏账比率1%，计提坏账准备前，"坏账准备"科目有贷方余额2 000元。甲公司当年计提坏账准备后，应收账款账面价值为（ ）元。
    A. 800 000　　　B. 798 000　　　C. 794 000　　　D. 792 000
12. 下列情况下的长期股权投资中，应当采用权益法核算的是（ ）。
    A. 具有控制或共同控制　　　　　　B. 具有控制或重大影响
    C. 具有共同控制或重大影响　　　　D. 具有控制
13. 存货入账价值的基础应采用（ ）。
    A. 重置成本　　　B. 历史成本　　　C. 公允价值　　　D. 可变现净值

14. 长期股权投资采用成本法核算,投资方对收到的股票股利,应当（　　）。
    A. 冲减财务费用　　B. 只作备忘登记　　C. 计入投资收益　　D. 冲减投资成本

15. 由企业非日常活动所形成的、会导致所有者权益增加的、与所有者投入资本无关的经济利益的流入被称为（　　）。
    A. 收入　　　　　　B. 利得　　　　　　C. 费用　　　　　　D. 损失

16. 某固定资产原价为 20 000 元,预计使用年限为 5 年,预计净残值为 500 元。采用双倍余额递减法计提折旧,第四年应计提折旧为（　　）元。
    A. 2 160　　　　　B. 4 800　　　　　C. 2 880　　　　　D. 1 910

17. 2018 年 12 月 31 日,某企业的一条生产线存在可能减值的迹象,经计算该生产线的可收回金额为 100 万元,账面原价为 200 元,已提折旧 60 万元,以前年度为未对该生产线计提减值准备,该固定资产此时应计提减值准备为（　　）万元。
    A. 40　　　　　　B. 100　　　　　　C. 0　　　　　　　D. 60

18. 某企业 2018 年 12 月购入不需要安装的生产设备一台,价款 10 000 元,支付的增值税 1 600 元（符合增值税抵扣条件）,另支付运杂费 500 元（不考虑增值税）,包装费 300 元。款项以银行存款支付。该固定资产的入账价值（　　）元。
    A. 12 500　　　　B. 11 700　　　　C. 10 800　　　　D. 10 000

19. 2019 年 1 月,甲公司取得 B 公司 60% 的股权,采用成本法核算。B 公司于 2019 年 3 月宣告派发 2019 年年度现金股利,甲公司对该现金股利的会计处理是（　　）。
    A. 作为投资收益　B. 冲减财务费用　　C. 作为资本公积　D. 冲减投资成本

20. 盘亏的固定资产,应贷记"固定资产"账户,借记（　　）等账户。
    A. 待处理财产损益
    B. 以前年度损益调整
    C. 其他应付款
    D. 营业外收入

二、多项选择题（多选、漏选、错选均不得分。每题 2 分,共 20 分）

1. 会计的基本假设包括（　　）。
    A. 会计主体　　　　B. 持续经营　　　　C. 货币计量　　　　D. 会计分期

2. 下列项目中,属于其他货币资金的有（　　）。
    A. 银行汇票存款　　　　　　　　　　B. 信用证保证金存款
    C. 信用卡存款　　　　　　　　　　　D. 外埠存款

3. 下列银行转账结算方式中,可以用于异地结算的有（　　）。
    A. 支票　　　　　　B. 银行本票　　　　C. 银行汇票　　　　D. 委托收款

4. 下列各项中,应在"坏账准备"账户中贷方反映的有（　　）。
    A. 提取的坏账准备　　　　　　　　　B. 已发生的坏账损失
    C. 收回以前已确认并转销的坏账　　　D. 冲销多提的坏账准备

5. 企业发生的下列支出中,应计入增值税一般纳税人原材料采购成本的有（　　）。
    A. 运输途中合理损耗　　　　　　　　B. 国外运杂费

C. 国内运杂费 D. 进口增值税

6. 委托外单位加工的存货的实际成本包括（　　）。
   A. 加工中耗用的存货的实际成本　　B. 支付的加工费
   C. 支付的往返运杂费　　D. 加工中的税金
7. "持有至到期投资"科目下应设置的明细科目有（　　）。
   A. 成本　　B. 公允价值变动　　C. 利息调整　　D. 应计利息
8. 当采用权益法时，下列能引起长期股权投资账面价值变动的有（　　）。
   A. 收到现金股利　　B. 收到股票股利
   C. 被投资企业实现净利润　　D. 被投资企业发生净亏损
9. 当投资企业与被投资单位存在（　　）关系时，投资方应采用成本法核算该长期股权投资。
   A. 控制　　B. 重大影响　　C. 无重大影响　　D. 共同控制
10. 下列各项应计入固定资产成本的有（　　）。
    A. 固定资产日常修理发生的人工费用
    B. 固定资产安装过程中领用的原材料
    C. 固定资产达到预定可使用状态后发生的专门借款利息
    D. 固定资产安装过程中支付的职工薪酬

三、判断题（对的打"√"，错的打"×"。每题1分，共10分）

1. 财务会计的目标侧重于规划未来，对企业的重大经营活动进行预测和决策，以及加强事中控制。（　　）
2. 某一财产物资要成为企业的资产，其所有权必须是属于企业的。（　　）
3. 在企业的货币性资产中，现金的流动性是最强的。（　　）
4. 委托加工存货收回后直接用于销售，由受托加工方代收代交的消费税应计入委托加工存货成本。（　　）
5. 存货采用计划成本法核算，计划成本低于实际成本的差异，成为节约差异。（　　）
6. 企业在持有交易性金融资产期间所获得的现金股利或债券利息，应当冲减交易性金融资产的初始入账金额。（　　）
7. "利息调整"是指持有至到期投资的初始入账金额与其面值之间的差额。（　　）
8. 对于发生减值已经提取跌价准备的存货，在以后的会计期间，当影响跌价的因素消失，存货的价值又得以回升时，不得转回已提取的跌价准备。（　　）
9. 直线法计提折旧的特点是每期提取的折旧额相等。（　　）
10. 企业在计提固定资产折旧时，当月增加的固定资产当月计提折旧，当月减少的固定资产当月不计提折旧。（　　）

四、综合题（第 1 题 12 分，第 2 题 18 分，第 3 题 20 分，共 50 分）

1. 2018 年 5 月 10 日，甲公司以 600 万元购入乙公司股票 200 万股作为交易性金融资产，另支付手续费 6 万元。6 月 30 日，该股票每股市价 3.2 元。至 12 月 31 日，甲公司仍持有该交易性金融资产，期末每股市价为 3.6 元。2019 年 1 月 3 日以 630 万元出售该交易性金融资产。假定甲公司每年 12 月 31 日对外提供财务报告。
   要求：编制该经济业务的会计分录。（12 分）

2. 星海公司 2015 年 4 月初，结存原材料的计划成本为 50 000 元，材料成本差异为节约 3 000 元。4 月份，购进原材料的实际成本为 247 000 元，计划成本为 230 000 元；本月领用原材料的计划成本为 250 000 元，其中，生产领用 235 000 元，车间一般消耗 12 000 元，管理部门耗用 3 000 元。
   要求：做出星海公司发出原材料的下列会计处理。（18 分）
   （1）按计划成本领用原材料。
   （2）计算本月材料成本差异率。
   （3）分摊材料成本差异。
   （4）计算月末结存原材料的实际成本。

3. 甲股份有限公司 2014—2016 年有关投资业务的资料如下：
   （1）2014 年 1 月 1 日，甲公司以银行存款 6 100 万元购入乙公司 25% 的股票，并对乙公司的财务和经营政策具有重大影响。不考虑其他费用。2014 年 1 月 1 日，乙公司所有者权益总额为 24 000 万元，假设被投资单位可辨认净资产公允价值与所有者权益账面价值相同。
   （2）2014 年度，乙公司实现净利润 3 800 万元。
   （3）2015 年度，乙公司发生净亏损 1 900 万元。
   （4）2015 年 12 月 31 日，因乙公司发生严重财务困难，甲公司预计对乙公司长期股权投资的可回收金额为 5 575 万元。
   （5）2016 年 5 月，乙公司可供出售金融资产的公允价值增加了 1 500 万元。甲公司按照持股比例确认相应的其他综合收益。
   要求：编制甲公司 2014—2016 年投资业务相关的会计分录。（单位用万元表示）（20 分）